新潮文庫

孤独な散歩者の夢想

ルソー
青柳瑞穂訳

新潮社版

181

目次

孤独な散歩者の夢想

第一の散歩

　要するに、僕は地上でただの一人きりになってしまった。もはや、兄弟もなければ隣人もなく、友人もなければ社会もなく、ただ自分一個があるのみだ。およそ人間のうちで最も社交的であり、最も人なつこい男が、全員一致で仲間はずれにされたのである。どういう苦しめ方が僕の敏感な魂に最も残酷であるかと、彼らはその憎悪《ぞうお》の極をつくして考えめぐらしたのだ。そのあげくが、僕と彼らを結ぶ羈絆《きはん》をことごとく理不尽にも絶ち切ったのである。そのような仕打ちを受けても、僕は彼ら人間を愛したつもりだった。彼らが人間であるかぎり、僕の愛情からはのがれえないはずだったのである。ところが今となっては、僕にとって彼らは、赤の他人に、それこそ縁なき衆生《しゅじょう》になってしまったのである。彼らのほうでそれを望んだからしかたないのだ。彼らはそれでいいとしても、彼らから、一切のものから離脱した僕というものは、一体、どういうことになるのか？このことは、とくと考えてみなければならん。それを考える前に、つらいことだが、僕はどうしても自分の境涯を瞥見《べっけん》する必要がある。これは僕が彼らから自分に到達するためには、いやおうなしに通らねばならぬ道だからである。

僕は十五年来、この奇妙な境涯の中にいるが、それは依然として夢のように漠《ばく》としている。僕は不消化に悩まされる、悪夢を見ている、それから、自分が友人たちに囲まれていると知って、急に苦痛も薄らいで、目がさめそうになる、僕にはいつもこんなふうに思われてしかたない。そうなのだ、きっと僕はそれと気づかずに、不眠から睡眠へ、むしろ、生から死へ飛び越えたものとみえる。どうしてだか知らないが、僕は物の秩序から引きずり出されて、何一つ見えぬ不可解な混沌《こんとん》の中に突き落されたものらしい。そして、自分の現在の位置を考えれば考えるほど、自分がどこにいるのかわからなくなる。

ええ！　しかたもあるまい。自分を待ち伏せしていたこの運命を、なんで僕に見てとることなどできよう。その運命に委《ゆだ》ねられた今日でさえ、いまだその正体を知ることができずにいるではないか？　僕は同じ人間であったし、今でもそのつもりでいるのに、その僕が、いつの間にか、人非人《にんぴにん》、毒殺者、暗殺者扱いにされ、人類のきらわれ者となり、賤民《せんみん》の玩弄物《がんろうぶつ》になろうとは、常識では考えられないではないか？　通行人が僕にする挨拶《あいさつ》といえば、唾《つば》をはきかけることであり、時代全体が寄ってたかっておもしろ半分に僕を生き埋めにしようなどとは、誰に想像ができるものか？　この奇妙な革命が起ったとき、僕は不意打ちをくらって、度胆《どぎも》を抜かれてしまった。僕の動揺、激昂《げっこう》は一方《ひとかた》ならず、ために僕は一種の錯乱に陥ったが、この状態がしずまるには十年では足りなかったのである。そしてその間、僕は誤謬《ごびゅう》から誤謬に、失策から失策に、愚から愚に陥って、不用意にも、僕の運命の支配者らへつぎつぎに道具を提供したので、待ってたとばかりに、さっそく彼らはそれを利用して、僕の運命を取返しのつかないように決定したのである。

長い間、僕は猛烈に、しかしむだにもがいた。手も術も使わず、包みかくしもしなければ、用心もしない。ただ生一本のむきだしで、すぐむかっ腹をたてる。じたばたすれば、いよいよこんがらかるばかりで、結局、彼らへひっきりなしに新しい手がかりを与えることになる。そして、それを放っておくような彼らではなかった。とどのつまり、僕は自分の全努力がむだであることを感じ、かついたずらに煩悶《はんもん》しているのだと知って、自分に残されている唯一《ゆいいつ》の決心をしたのである。すなわち、自分の運命に甘んじようという決心で、今後は、必然的なことには反抗しないことにしたのである。それは、あきらめの中に、僕のあらゆる不幸の償いを見いだしたのだ。僕はこのあきらめのために得た静謐《せいひつ》であった。困難にして効果のうすい抗争の絶え間ない活動などは縁のない静謐であった。

この静謐を得るには、他のもう一つのことが与《あずか》って力あった。だいたい、僕の迫害者らは、彼らの憎悪のあらゆる巧知な使い方のうち、これも彼らの憎しみがしからしめたのだが、一手だけ忘れていたのである。つまり、徐々に薬をきかしてゆく手で、この手を用いれば、彼らはいつも僕に新規の打撃を加えつつ、たえず僕の苦悩を入れかえ引きかえして、継続させることができたはずである。もしも僕にいくばくか希望の光を残しておくだけの利口さが彼らにあったら、いまだに僕をこの希望に結びつけておいたことだろう。なおまた、何か術策を用いて、僕を翻弄することもできたろうし、僕の期待を裏切ることによって、つねに責具を新たにして虐待《ぎゃくたい》することもできたろう。それだのに、彼らは前もってあらゆる手を使いきってしまったのである。僕に一物も残すまいとして、彼らご自身すっからかんになったのである。彼らが僕に浴びせた誹謗《ひぼう》、弾圧、嘲罵《ちょうば》、恥辱は、軽減こそすれ、これ以上増加する気づかいはなかったのだ。だから、それらを加重せんとする彼らも、それからのがれんとする僕も、実は双方ともどうかしていたのである。彼らは僕の苦境を極限にまで持ってゆこうとあまりにも性急であったため、人力をもってしては、たとえ地獄のあらゆる策略を授けられても、これ以上は何一つ付加する余地はなかったのである。肉体的苦痛でさえ、僕の憂苦を増すどころか、それを紛らわしてくれるほどだった。これは思うに、肉体的苦痛が、僕に叫び声を出させることによって、声なき呻《うめ》きを封じこめてくれるからであろう。そして、僕の肉体の激痛が、心のそれを中絶させるためであろう。

こうなったからには、いまさら、なんで彼らを恐れる必要があるか？　これ以上に僕の状態を悪化させることはできぬのだから、彼らとしても、もはや僕をびくびくさせるわけにもゆくまい。不安と恐怖は、彼らのおかげで、僕には永久に縁のない厄災になったのである。いつだってそれは気を楽にしてくれるくらいだ。現実の厄災は僕にとっては屁《へ》でもない。僕は自分が実際に嘗《な》めている厄災だと、平気で我慢できるが、半信半疑の厄災だと、そうはいかない。僕のおじけたイマジネーションは、それら厄災を組み合せてみたり、裏返しにしたり、ひろげたり、増大してみたりする。僕には、それを待つときのほうが、その実際の現出よりも百倍も苦しく、威嚇《いかく》のほうが打撃よりも恐ろしいのである。いざそれがやってきてみると、来たという、そのことのために、それがもっていた架空的な部分がことごとく剝《は》げ落ちて、その本来の値打ちに引きもどされるのである。であるから、自分が想像していたよりも遥《はる》かに少ないように思うのである。そして、その苦しみのさ中にあってさえ、僕はほっとした気持にならずにはいられない。これで、新規の懸念《けねん》はことごとく一掃され、不安も希望もなくなったこの状態にあっては、ただそれに慣れさえすればいいのだ。そうすれば、これ以上は悪化しようのない境遇に、僕のほうでは日に日に我慢できるようになってくる。そのうえ、感情が時のたつにつれ、鈍くなるにしたがって、その感情を活気づける方策が、もう彼らにはなくなっている。僕の迫害者らが、憎悪の矢を際限なく使い果すことによって、僕のためにしてくれた善というのが、すなわちこれなのである。彼らは僕に対する一切の威力を除去されたので、今後は、僕のほうで彼らを嘲笑してやることができるのだ。

完全な平静が僕の心の中にうち建てられてから、まだ一カ月にもならない。久しい以前から、僕はもう何ごとも恐れはしなかったものの、ただ、あきらめきれずに望みをかけていたのだった。そして、その希望は、あやされることもあれば、踏みつけられることもあったが、それがきっかけとなって、種々もろもろの欲念が僕を動揺させることをやめなかったのである。そこへとうとう、悲しい思いがけない事件が起って、僕の心から、あの希望の微光を消し取り、僕の運命を、この世では永久に取返しのつかないものに決定してしまったのである。このときから、僕はきれいさっぱりあきらめたのだ。そして、僕はふたたび平和を取りもどした。

僕はようやくこの陰謀事件を、その隅々《すみずみ》まで予見するにいたって、自分の生存中、公衆をわが方に引寄せんとする考えは、これを永久に放擲《ほうてき》したのである。それに、この引きもどし自体がすでに相互的ではありえないので、僕にとってはまったく無用のことになる。彼ら人間が僕のところにもどってきたところでむだなことで、僕をふたたび見いだすことはあるまい。僕には彼らから焚《た》きつけられた軽蔑心《けいべつしん》があるので、いまさら、彼らとの交際は味けないものだろうし、荷厄介でもあろう。それに、僕が彼らと一緒に生活することとの幸福にくらべれば、一人居のほうが百倍も幸福なんだ。彼らは僕の心から社交の愉楽をことごとく摘み取ってしまったのである。それが僕のごとき年齢でふたたび芽生《めば》えるとは思われない。もう遅すぎる。よしや今後、彼らが僕に善をなそうが悪をなそうが、彼らのことなど僕にはどうだっていいのだ。そして彼らが何をなそうと、僕の同時代人など、僕にとっては、永久にものの数ではないだろう。

それだのに、僕は未来に対してまだ期待をいだいていた。そして、今後はよりよき時代がやってきて、現代が僕にくだした批判であれ、僕に対するそのやり口であれ、一層綿密に検討することによって、現代を操《あやつ》っている者たちの策略をやすやすと看破して、はては、僕のありのままの姿を見てくれることに望みをかけていた。僕が「対話録」を書き、そして、それを後世に残さんため、あのように多くのおろかな真似《まね》をしたのも、実にこの希望にそそられたためだった。その希望は遠い先のことながら、それでもそれは、僕が現代の中に躍起となって正しい心を捜していたときと同じような激しさに、僕の魂を駆りたてずにはおかなかったのである。そして、僕が無益にも遠方に投げた僕のその期待とて、これもやっぱり、今日の人々の玩弄物にされてしまったのである。「対話録」の中で、僕はこの期待を何にかけているかを言った。僕は見当ちがいをしていたのである。ただ、そのことに早く気づいたからよかった。つまり死ぬ前に、完全の静安と絶対の休息の期間を見いだすべき余裕がまだあったわけだ。この期間は、今、僕が云々《うんぬん》している時期から始まったのである。そして、それがふたたび中断されるようなことはあるまいと思う。

それから何日もたたないあとで、僕は反省を新たにして初めて合点《がてん》いったのだが、せめて別の時代になったら、公衆が自分にもどってくるだろうと期待したのけ、認識不足もはなはだしかったのである。なぜかとなれば、他の時代とて、僕に関することで、その時代を操る者といえば、僕に反感をいだいた団体内において、ひっきりなしに入れかわる指導者にほかならぬからである。個人は死んでも、集合的の団体は死なない。そこには同じ感情が根をはっている。そして、彼らの激しい憎悪の情は、あたかもそれを煽《あお》りたてる悪魔のごとく不滅のまま、相も変らず活躍をつづける。個人としての敵はことごとく死ぬときはきても、医師は、オラトワール協会員は、いつまでも生きるであろう。そして、僕の迫害者として、これら二つの団体しかないようなときになっても、彼らが、僕の生前以上に、死後の僕を平和にさせておかないことは覚悟していなければなるまい。僕はこれを実際に侮辱したのだが、医師のほうは、あるいは時のたつにつれて和らぐかもしれない。しかし問題はオラトワール協会員だ。僕の愛し、尊敬し、全幅の信頼を寄せ、一度たりと侮辱したことのなかったオラトワール協会員、聖職者でありながら、半僧的なオラトワール協会員だけは、けっしてうち解けることはないだろう。僕の罪というのは、そもそも彼ら自身の不公平のいたすところであるのに、その罪をさえ、彼らの自負心が僕に赦《ゆる》すことは絶対にないだろう。また、彼らは公衆の怨恨《えんこん》を消すまいと、たえずそれを煽りたてることに汲々《きゅうきゅう》としているので、公衆もまた彼ら以上に和らがないだろう。

これで、僕にとっては、地上の一切が終ったのだ。もうここにあっては、人々としても、僕に対して善いことも、悪いこともすることができない。また僕にとっては、この世の中で、望むものも恐れるものも、何一つ残っていない。そうして僕は、深淵《しんえん》のどん底で、このとおり安閑としている。哀れにも不遇な人間ではあるが、神そのもののように平然たる姿で。

僕にとって外的なものは、今後はいっさいよそごとである。もはや、僕にはこの世に、隣人もなければ、仲間もなく、兄弟もない。僕はこの地球の上にいても、知らない遊星の上にでもいるようなものだ。今まで住んでいた星から、この星へ落ちてきたものらしい。たまに僕が自分の周囲に何物かを認めたとすれば、それは、僕の心にとって、苦しい、せつない対象物にはかならぬのだ。そして、自分に触れているものや、自分を囲んでいるものに眼を投げるたびごとに、いつもそこに見いだすのは、腹のたつような侮蔑《ぶべつ》や、耐えがたい苦痛の種ならざるはないのだ。だから、それら一切の厄介な対象物を、僕の精神から一掃するとしよう。そんなものにいつまでかかずらっていたところで、心を痛めつけられるばかりで、何の益にもなるまい。もとより僕は、自分のうちにのみ、慰藉《いしゃ》と希望と平和を見いだす者であってみれば、余生はただ一人で、自分にのみ専念すべきだし、またそれのみを願っている。このような心境において、僕はかつて自分の「告白録」と呼んだところの、あの厳粛で真摯《しんし》な検討の続編に手をつけようとしているのである。僕はおのれの余生を供して、自分で自身を研究することにしよう。そして、遠い先ではないと思うが、いずれは自分についてなすはずの報告を、今のうちから準備しておくことにしよう。自分の魂と語りあうことの甘味を、心ゆくまで味わうことにしよう。魂だけは彼ら人間が僕から剝奪《はくだつ》することのできぬ唯一のものだからだ。僕が自分の心の配備を深く反省することに努めて、もしそれをよりよき秩序におき、そこに残っている悪を矯正《きょうせい》することができれば、僕の黙想は必ずしも無益ではあるまい。そして、たとえ僕がもはやこの世で何の役にたたないとしても、僕は自分の余生を完全にむだづかいしたとは思わない。日々の散歩のつれづれに、僕はうっとりするような瞑想《めいそう》にふけるのがつねだったが、それも今では忘れてしまったのは残念でならない。もっとも、今後とも、そのような想《おも》いが胸に浮ぶことがあったら、書きとめておくとしよう。それらを読み返すごとに、僕はその折々の瞑想の楽しさをふたたび味わうことだろう。僕は、ここまでも耐えてきた自分の心の真価を思うことによって、自分の不幸や、迫害者や、恥辱を忘れるであろう。

この原稿は適切にいえば、僕の夢想の体をなさない日記にほかならない。だから、僕自身のことを語る場合が多い。というのは、想いにふける孤独者は、必然的に自分自身のことを専念することが多いからである。それのみならず、散歩の折々に、ふと頭をかすめる異《い》な考えをも、やっぱりしかるべく書きとめておこう。僕は自分の考えたことを、それが心に浮んだとおりに語ろう。そして、普通、前日の考えと翌日の考えの間にはあまり関係はないものだが、だからそのように、強《し》いて連結をつけることなく語るとしよう。しかしその結果として、僕の今あるごとき奇妙な状態にあっては、僕の精神が日々の糧《かて》としている感情と思想を知ることによって、僕の本性と気質をたえず新たに知ることになろう。だからその意味では、この原稿は僕の「告白録」の追補とみることもできるわけだが、しかしいまさら、かかる表題は付さないことにする。この表題に値するようなことで語るべきことは、もはや全然なかろうと思うからである。僕の心は苦難の坩堝《るつぼ》で浄化されたのだ。だから、その心を丹念に調べてみても、咎《とが》むべき傾向の残滓《ざんし》さえほとんど見いだされないのである。この世のあらゆる愛情がむしり取られた以上、いまさら僕は何を懺悔《ざんげ》したらいいというのか？　僕は自讃《じさん》する柄でもないが、さりとて、みずからを貶《けな》そうとも思わぬ。つまり僕は、爾後《じご》、彼ら人間の中にあって、零《ゼロ》の存在なのである。そして、これが僕のありうる一切なのだ。もはや、彼らと実際の関係もなければ、真の交際もないのだから、これよりほかはないのだ。かくなっては、悪に傾かないいかなる善をなすこともできぬので、他人が自分を害《そこな》うことなしにはいかなる行動をすることもできぬので、差控えることが、僕の唯一の義務になったのである。そして僕は、その義務が自分にあるかぎりは、いつも必ず果す。しかるに、肉体のこの無為のなかにあっても、僕の魂は今もって活動している。それは今もって感情と思想を生産している。そして、それの精神的内的生命は、一切の地上的現世的な利害関係の喪失によって、なお一層発育したものらしい。僕の肉体のごときは、もはや、僕にとっては、一の邪魔ものであり、一の厄介ものであるにすぎない。だから僕は、生きている今のうちから、できうるかぎり、それから離脱しようとする。

このような奇妙な状態は、確かにそれを検討し、書いておく価値がある。この検討にこそ、僕は余生の閑暇を供しようと思うのだ。これを立派にやってのけるには、順序と方式に従って着手するのが当然かもしれない。ところが、この種の仕事は僕のよくするところではなく、しかもそれは、僕の魂の変化と、その変化の継続を知らんとするにある目的に背馳《はいち》するおそれがある。物理学者が日々の状態を知るために、空気についてなすような実験を、僕は、ある点で、自分自身について行うことにする。僕は自分の魂にバロメートルをあてがう。そして、この実験を上手に操作し、根気よく繰返していれば、物理学者と同じくらい確実な結果が得られるだろうと思う。しかし、僕は自分の計画をそこまでは拡《ひろ》げない。実験の記録を書きとめるだけで甘んじて、それらを系統だてることはしまい。僕はモンテーニュと同じ企てをすることになるが、目的は彼のとまったく反対だ。なぜかとなれば、彼はその「随想録」を他人のためにのみ書いたのに、僕は自分の「夢想」を自分のためにしか書かないからである。僕が今後ともなお生きのびて、死出の旅路も遠からぬ齢《よわい》になっても、なお今日と同じ心境にあるとするならば——僕もそうありたいが——そのときになって「夢想」を読むことは、それを書いたときに味わった甘味を思い出させてくれるだろう。そして、このような方法で、過ぎ去った時を僕のうちに再生させることによって、いうならば、僕の存在を二重にすることになるだろう。そうすれば彼ら人間などにかかわりなく、僕はまたしても社交の魅力を味わうことができるんだ。そして、僕よりも少し年少の友と一緒に生活してでもいるといった具合に、別の時代の中で、老いぼれた僕は、僕自身と一緒に生活するわけなんだ。

「告白録」の前半や「対話録」を書いていた時分は、それらを迫害者らの強欲な手から救って、できうべくんば、他の時代に伝達せんものと、たえずその方法について苦慮していたものだった。これを書くにあたっては、もうそのような不安に僕はなやまされない。僕はそんな心配の無用であることを知っている。そして、彼ら人間からよりよく理解されようなどという欲念は、僕の心には消えてなくなっている。そして、僕が自分で本当に書いた著作物にせよ、僕の清浄潔白を証明する記念物にせよ、おそらくはことごとく永久に湮滅《いんめつ》されたものと思われるが、それらのものの運命に関しては、僕の心にはまったくの無関心しか残っていないのである。よしんば人々が、僕のすることを穿鑿《せんさく》しようが、この原稿を気に病もうが、それを奪おうが、禁止しようが、偽造しようが、今後は、一切がっさい、僕にはどうでもいいことだ。僕はこの原稿を隠しもしなければ、べつに誇示もしない。よし人々が、僕の存生中、それを奪い取ったとしても、それを書いた楽しみを、その内容の思い出を、孤独の瞑想を奪うことはできぬだろう。実にこの原稿こそ、その瞑想の果実であり、またその泉は、僕の心と一緒にしか涸《か》れることはあるまい。僕の最初の厄災が訪れたそのとき、もし僕が自分の運命に反抗しなくてもいいことを知っていたら、そして、今日しているようなあきらめをあのときしたとしたら、彼ら人間のあらゆる努力、あの恐るべきあらゆる奸策《かんさく》も、僕に何らの効果を与ええなかったであろうに。そして、その後の彼らがうまうまとなしえたようには、彼らのことごとくの陰謀をつくしても、僕の静安をみだすわけにはゆかなかったろうに。彼らが僕の汚名を興ずるのは勝手だが、それにしても、僕が自分の清浄潔白を楽しむのを、そして、お気の毒ながら、僕が安らかに生涯を終えるのを、彼らといえども妨げることはできまい。

第二の散歩

およそ人間が生きながらにして、このような状態に陥るとは思われないような、不思議きわまる境涯にある僕の魂の常態を描写する企てをたてたしだいだが、この計画を遂行するに簡単で確実な方法は、僕の孤独な散歩や、その折々の夢想を忠実に記録するに越したことはないと思ったのである。それというのも、かかる散歩のあいだは、自分の頭を自由自在にしておりるし、しぜん、イデーにしても、苦もなく楽々と、その勾配《こうばい》を滑《すべ》ることができるというものだ。一日のうちで、これら孤独と瞑想《めいそう》の時間こそ、気がかりもなく、障害もなく、僕が完全に自分であり、自分にうちこめる時間である。自然が欲したとおりの自分であると、僕が真実言いうる時間である。

僕はこの企てを実行するのが遅すぎたことにほどなく気づいた。僕のイマジネーションにはすでに昔日《せきじつ》の生気もなく、それを焚《た》きつけるような対象を眺《なが》めても、以前のように燃焼することはない。僕は熱狂的な夢想にもあまり酔わなくなっている。今後は、イマジネーションが生むものにしても、創造よりも追想のほうが多くなる。生ぬるい疲労が、僕のあらゆる能力を消耗させる。生命の精気は僕のうちにしだいに消えてゆく。僕の魂は、その老衰した被《おお》いの外に跳《は》ね出ようともしない。僕にその権利があると思うから、熱望する、そういった状態などを期待することもなく、どうやら僕はただ追憶によってしか生存していないらしい。かかるゆえに老衰前の僕自身をじっくり考えてみるためには、少なくとも数年前までさかのぼらなければならない。つまり、僕がこの世ですべての希望を失い、地上では自分の心の糧《かて》を見いだすこともできなくなって、しだいに心そのものの料《しろ》でそれを養うことに慣れ、そして、僕自身の内部にそれのあらゆる糧を求めるようになった時代までさかのぼる必要がある。

この自給自足の手段は、それに思いついたのは遅きに失したものの、きわめて内容豊富なものとなったので、まもなく、すべてを償ってくれることができた。自分自身のなかに入りこむという習慣は、僕の不幸感や、また、その思い出をさえ消してくれたのである。こうして僕は自分自身の経験で悟ったのである。真の幸福の泉はわれわれのなかにあるということを。そして、幸福たらんと欲することのできる者を、実際に不幸にするのは、彼ら人間のせいではないことを。僕はこの四、五年来、心やさしい人たちが黙想のときにのみ見いだすような内心の喜悦を、たえず味わっていたのだった。このような恍惚《こうこつ》、このような法悦を、僕はよく一人で散歩しながら覚えたものだが、実にこの楽しみは、僕の迫害者らに負うていたというべきだろう。というのは、彼らなしには、僕は自分のうちにかかる宝物を持っていたことを発見しなかったろうし、知りもしなかったろうから。かかる富のさ中にあって、どうしてその忠実の記録などつけられよう？

かずかずの甘美な夢想を思い出したいあまり、それを書くどころか、ついまたその中にひたってしまう。これは、それを思い出すことによって伝えられる状態で、それをまったく感じなくなると、知ることもやがてできなくなる状態なのだ。

かかる作用を、僕は「告白録」の続編を書くにあたって企てた散歩の折々によく経験したものだが、これから語ろうとする散歩にあっては、とりわけそれを強く感じたのである。その散歩においてある不慮の椿事《ちんじ》が起って、僕のイデーの糸を中断し、しばらくそれに、別の流れを与えるようになったのである。

一七七六年十月二十四日の木曜日、昼食後、僕は大通りをぶらぶら歩いていって、青道通りまで出て、そこから、メニル・モンタンの丘陵に登った。それから、葡萄《ぶどう》畑や牧場の中の小路をたどりながら、あの二つの村落の間に拡《ひろ》がる明媚《めいび》な風景をよぎって、シャロンヌに出た。それから、他の道を通って、さっきの牧場の方にもどろうと、迂路《うろ》をした。そして、その牧場をおもしろ半分に駆けずりまわったものだが、いつもながら、楽しい風景に接すると覚えるあの快味と興味をそそられずにはいられなかった。そして、ときおり、立ちどまっては、一面の青草の中に何かの植物を見きわめようとした。僕は二つの植物に気づいた。それはパリの周辺ではあまり見受けられないが、この辺まで来ればふんだんにあったのである。一つは菊科植物に属する Picris hieracoides で、もう一つは、繖形《さんけい》科植物に属する Buplevrum falcatum であった。この発見に僕は有頂天になり、いつまでも嬉《うれ》しくてしかたなかったが、それどころか、それにもまして珍しいのを、高い土地では特に珍しいのを発見したのだった。すなわち、Cerastium aquaticumがそれで、その日、思いがけぬ椿事が起ったにもかかわらず、持っていた本の中に入っていたので、僕はそれをちゃんと植物標本集の中におさめたのだった。

それからも、今もって花をつけているその他多くの植物を仔細《しさい》に見てまわったが、そして、そういう植物の形態や、それらを数えあげることも、僕には別に珍しくもないのに、それでもいつもながら楽しいことにかわりはなかったが、しかし、僕はだんだんこのような細かい観察はよしにして、それら全部が寄り集まって、僕の上に与えるところの、やっぱり同じように快いが、しかしもっと感動的な印象に身を委《ゆだ》ねようとしたのである。葡萄の収穫はもう数日前に終っていた。町の散策者たちもとっくに引きあげてしまった。百姓もまたこれを最後に冬の仕事まで畑を去ろうとしている。見渡す田野一帯は、まだ緑色をして、ほほえんでいるようではあるが、あちこち、木の葉の落ちたところもあり、さすがに物さびて、冬近い寂寞《せきばく》の感をいたるところに呈している。そのためか、この眺めには、なにかしら、甘く悲しい気分が入りまじっていて、それがまた、僕の年齢と運命にあまりにも似ているため、僕は自分の身にあてはめて見ずにはいられなかった。僕は無罪にして不運な生涯の果てに立っている自分を見る。魂はまだ根づよい感情で満ち、精神はまだ数輪の花で飾られてはいるが、すでに悲哀のため色褪《あ》せ、憂苦のため萎《しお》れている。一人ぼっちで、見すてられて、僕は初霜の寒さのそぞろ身にしむを覚える。そして、僕の涸《か》れたイマジネーションは、僕の心どおりに形成された存在で、僕の寂寥《せきりよう》を満たそうともしない。僕は嘆息しながら、ひとりごつ。《この世で僕は何をしたか？　僕は生きるために造られたのである。そして、生きることなく死ぬ。少なくともそれは僕の過失ではなかったのだ。僕が自分の生命の「創造者」に捧《ささ》げるものは、人々が僕にさせなかった善業の供物《くもつ》でないまでも、しかし少なくとも、横領された善意と、健全ではあるが無効にされた感情と、彼ら人間の侮蔑《ぶべつ》を嘗《な》めさせられた忍耐の貢物《みつぎもの》ではあろう》。こんなことをあれこれ考えめぐらすと、僕は自分がかわいそうになってくるのだった。僕は、白分の青春時代から壮年時代、それから人間社会からしめだしをくらったときから、残り少ない余生を終るべきこの長い隠遁《いんとん》生活における、そのときどきの魂の動静を反復玩味《がんみ》してみた。自分の心のあらゆる情愛に、その心の優しくはあるが盲目的の愛着に、この数年来精神の滋養分になってきたところの、どちらかといえば明るく楽しいイデーに、喜んでもう一度たち帰ってみた。そして、かつてそれらのイデーにふけりながら味わったのと同じような悦《よろこ》びをもって書けるくらい、十分思い出してみようとした。僕のこの日の午後は、このようなしみじみとした黙想のうちに過ぎたのである。そして、きょう一日に満足しつつ、家路につこうとしていた折しも、これより物語ろうとする椿事のため、せっかくの夢想は破られたのである。

ちょうど、六時ごろだった。ガラン・ジャルディニエをほとんど真ん前に見ながら、メニル・モンタンの坂を下ろうとしていたら、僕の前を歩いていた人たちが、いきなりあわてて飛びのいたと思うと、一匹の大きなデンマーク犬が、僕に飛びかかってくるのが見えた。犬は四輪馬車《カロオス》の先に立って、いっさんに突進してきたので、僕を見て、急にとまることも、わきによけることもできなかった。そのとき僕がとっさに思ったことは、地面に倒されないためには、自分が高く跳《は》ねあがるにかぎるということだった。僕が空中にある間に、犬は僕の下を通りぬけるという寸法だ。もっとも、このイデーは稲妻《いなずま》よりも早く、それを推理したり、実行に移したりする余裕がなかったこととて、結局、これは僕の椿事前における最後のイデーとなったわけだ。それっきり、正気にかえる瞬間までは、自分が打撲を受けたことも、倒れたことも、その後のことも、何一つ覚えがなかった。

意識を回復したときには、ほとんど夜になっていた。三、四人の若者たちに介抱されていたが、その人たちから一部始終を聞いたのである。デンマーク犬は走ってきた勢いをとめえずに、僕の両脚《りょうあし》に飛びかかってきた。そして、勢いよく体あたりで僕にぶっつかったので、僕は前のめりに倒されてしまった。そのはずみに、全身の重みがかかって、上顎《うわあご》を凸凹《でこぼこ》の激しい舗石に打ちつけたのである。おまけに坂だったものだから、頭を足よりも低いほうにして倒れたので、猛烈だったのである。その犬の飼主の四輪馬車《カロオス》がすぐそのあとに来たので、馭者《ぎょしゃ》がとっさに馬をとめなかったら、身体《からだ》まで轢《ひ》かれるところだった。

以上が僕の聞き知ったことだが、これはそのとき、僕を起してくれて、僕が正気に返ったときにもまだ付き添っていてくれた人たちが話してくれたのである。意識を回復したその瞬間における状態は、いかにも奇妙だったので、ここにそれを書き記《しる》さずにはいられない。

夜はふけていった。僕は、空と、いくつかの星と、少しばかりの青いものに気づいた。この最初の感覚は、一瞬、こころよかった。この感覚によってしか、僕にはいまだ自分がわからなかった。この刹那《せつな》に、僕の生命は生れようとしていたのだ。そして、僕は自分のかすかな存在で、日に映るあらゆる物象を満たしつつあるような気がした。その瞬間というものは、ぜんぜん何らの記憶もなかった。自分というものの明確な概念もなかったし、自分の身に何が起ったのかという意識もなかった。自分が誰であるかも、どこにいるかも知らなかった。痛みも感じなければ、恐れも不安も覚えなかった。自分の血が流れるのを見ても、小川でも流れるように思って、その血がどうあっても自分のものなどとは考えもしなかった。僕は全身の裡《うち》にうっとりするような静けさを感じた。その後、それをいつ思い出してみても、今まで経験した快感のどんな活潑《かっぱつ》な動きのなかにさえ、くらべるもののないような心地よい静けさだった。

人々は僕がどこに住んでいるかをたずねた。それを言うことは、僕には不可能だった。僕のほうで自分がいまどこにいるかをたずねた。僕は「山端《オート・ボルヌ》」にいるのだそうな。なんのことはない、アフリカの「アトラス山」にいるのだと言われたのと同じようなものだ。そこで、僕は自分がいる国や町や区の名前をやつぎばやにたずねなければならなかった。それでも、自分がわかるには十分でなかった。そこから大通りまで自分で歩いてみないぶんには、僕には住居も名前も思い出せないだろう。知らない人だったが、しばらく僕についてきてくれた一人の紳士は、僕が非常に遠いところに住んでいることを知ったので、タンプルまで行ったら、辻《つじ》馬車をやとって、家まで送りとどけてもらうことを勧めてくれた。僕はたえず多量の血をはいたものの、痛みも傷も感じずに、平気でらくらくと歩いていたのだった。そのくせ、悪《お》寒《かん》がして、折れた歯が具合悪くがたがたした。タンプルに着いて考えたことだが、僕は苦もなく歩いてきたのだから、馬車に乗って寒さで死ぬ思いなどするよりは、このまま徒歩で行ったほうがましだと思ったのである。こうして、タンプルからプラトリエール通りまでの半道を歩いた。すたこらと歩きながら、人混みや馬を避けたり、行くべき道を選んで、それについて行ったり、まるで達者なときと変らないくらいだった。僕は着いた。通りに面した戸口にしつらえた秘密鍵《かぎ》をあける。暗がりの階段をあがってゆく。そして、やっと自分の家に入る。僕はこのときになってもまだ気づかなかったものの、自分が倒れたことや、その後のこと以外には、何の異状もなくもどってきたのである。

　僕を見たときの妻の叫び声を聞いて、自分が思ったよりも酷《ひど》い目にあったことはわかった。それでもその夜は、まだ何も知らずに、痛みも感じずに過ぎたのである。そして翌日になって、僕は初めて感づいて、見つけだしたのである。つまり、僕の上唇《うわくちびる》は、内側が鼻まで裂けていたのだ。外側は皮膚があったので、二つに切れずにすんだのである。四本の歯が上顎に刺さり、その上顎を包む顔の部分は非常に膨《ふく》れて、疵《きず》がついていた。右の拇指《おやゆび》は擦傷《すりきず》でひどく腫《は》れ、左の拇指は深傷《ふかで》をうけ、左腕は擦傷ができ、左膝《ひざ》もひどく腫れあがって、相当きつい打撲傷が痛んで、曲げることがぜんぜんできない。このような損傷にもかかわらず、片輪になったところはなく、歯一本なくさなかった。あんな転《ころ》び方をしながら、まったく奇蹟《きせき》的な幸運であった。

　これが、僕に起った椿事の真相である。早くも、この噂《うわさ》はパリにひろがって、およそ実際とはおよびもつかぬまでに変えられ、ゆがめられてしまった。僕はこのような変形を初めから予期しないわけではなかった。それにしても、このように、種々の奇体な事情が加わってきたり、それにからんで、あやふやな言説が行われたり、奥歯に物のはさまったような言い方をされたりするとは思わなかった。人々は、そのことで僕に話をするときは、おかしいほどひそひそ声をだすので、何か隠しごとでもあるのではないかと、気がかりになった。つねづね僕は暗いことがきらいだった。そのような暗さは、おのずから僕に恐怖心を起させる。それは、この長の年月、人々が僕の回りに漂わせてきた暗さのため、減少するはずのなかった恐怖心だ。その当時の奇異な出来事の中で、特に一つだけを披露《ひろう》するとしよう。これだけでほかはおおよそ推察できるというものだ。

これまで僕と何の関係もなかったZ氏が、その秘書をよこして、僕の近況を知ろうとしたのである。そしてこの際、僕を慰める役にはたいしてなろうとも思われぬような奉仕をしきりに申出てきたのである。その秘書は、まるで膝詰《ひざづめ》談判で、その申込みを利用するようにと言ってきかず、はては、もし彼を信用しないなら、直接Z氏に手紙を書いてもらいたいとさえ言った。このたいそうな熱のあげ方といい、内証話らしい様子といい、僕は少し臭いとは思ったが、さてそれが何であるかをつきとめることはできない。僕が怖気《おじけ》のさすのは当然で、それでなくとも、この間の出来事があるし、それに熱さえ加わってきたので、いいかげん頭が動揺している最中だった。僕は、あれやこれやと、気にかかる、不吉な推測にふけった。そして、自分の周囲に起るあらゆる事象に対して、何らかの解釈をつけようとした。それも、何ごとにも興味を失った人間の冷静でなく、むしろ、熱の譫言《うわごと》をあらわしている解釈なのだ。

他のもう一つの事件が起って、僕の静安を完全に乱してしまった。X夫人は、この数年来、僕と親密にしたがっていた人であるが、僕にはそのわけがどうしてもわからずにいた。もったいぶった、くだらぬ贈物をしてよこしたり、用もなく、うれしくもないのに、繁《しげ》く訪ねてきたりして、これには何か曰《いわ》くがあると思われたが、しかしあからさまには現われなかった。彼女は女王に献ずるため小説を作ろうとしているとかで、その話は聞かされたことがあった。僕は閨秀《けいしゅう》作家について自分の考えているところを述べた。彼女は、この企てで自分の運命を建て直そうとしていること、だから、そのためには後ろ楯《だて》が必要であることなどを語り聞かせた。これに対しては僕の答える筋合ではなく、ただおとなしく聞いていた。その後、彼女が僕に語ったところによると、彼女は女王に接近することができなかったので、その小説を公表することに決めたということだった。これとて、彼女に頼まれもしない助言をする場合でもないし、また彼女が従いそうな助言はできそうもなかった。それより前、彼女はその原稿を僕に見せようと言ったことがある。僕はそれだけはご免をこうむることにしたのだった。彼女もそれだけはしなかった。

ところがある日、僕の回復期にあるときだったが、彼女から、その本を送りとどけられた。全部印刷され、製本までしてあった。見れば序文で、僕のことをひどく讃《ほ》めちぎっている。不愉快なほど美辞麗句をならべての気障《きざ》かげんには、僕は虫酸《むしず》のわく思いがした。そこに感じられる露骨な阿諛《あゆ》は、とうてい、好意とは一致しえないものなのだ。僕の心はそんなことで騙《だま》されはしない。

それから数日後、X夫人は娘と同道でやってきた。その話によれば、彼女の本は大評判になっているとかで、それも、本につけた注釈が物議をかもしたからだそうである。僕はこの小説にざっと目を通してみたが、そのときは注釈などには気づきもしないほどだった。X夫人が帰ってから、僕はその注釈を読み返してみた。その言い回しを吟味してみた。すると僕は、彼女の訪問や、彼女の阿諛や、序文の露骨な讃辞《さんじ》の動機を、みなここに見る思いがした。これは要するに、この注釈を書いたのは僕だと読者に思いこませようとしたのであって、これはとりもなおさず、その注釈が発表された場合、著者が受くべき非難を、僕に負わせることになるが、僕はその魂胆に相違ないと判断したのである。

この世評と、それから生ずる影響を破壊しようにも、僕には何らの手段もなかったのである。ただ僕にできることといえば、このうえは、X夫人とその娘のくだらぬ見えすいた訪問を忍んでまで、彼女と話などしないことであった。この目的で、僕は母親に次のような手紙を書き送った。

「ルソーは、どんな著作家でも面会をいたさぬことにしておりますので、X夫人のご好意は謝しますが、今後のご来訪はご遠慮くださるようお願いします」

彼女の返書は、形式だけは丁重だったが、人がこんな場合に書いてよこす手紙の例にもれず、ぎごちなさがあった。僕は彼女の感じやすい心に無慙《むざん》にも匕首《あいくち》をつきつけたようなものではないか。もし彼女にして、あのように熱烈真摯《しんし》な感情を今でも僕にいだいているとすれば、この絶交が彼女にとって死ぬほど辛《つら》いであろうことは、この手紙の調子に出ていてもいいはずではないか。このようにして、何ごとであれ、公明正大ということは、この世においては、かえって恐るべき罪悪となるのだ。だから僕のごときは、同時代人のように、偽ったり裏切ったりなどしないというほかには、彼らの見る目では、べつに何ごとの罪悪も犯さないとすれば、残忍邪悪の人間に思われるのも無理はあるまい。

僕はもう幾度か外出した。そして、チュイルリーの宮園などもよく散歩したものだ。そのつど、行きあう多くの人たちの怪訝《けげん》そうな様子でわかったのだが、またしても僕に関する何か新しい噂が、自分の知らないうちに拡《ひろ》まっているのではないかと思われた。とうとう僕は知ったのだが、世間の評判では、僕が倒れた際に、死んだのだというのである。そして、この評判は驚くべきほど迅速《じんそく》に根強くひろまったため、僕の知った十五日も前から、宮廷では確実な事実として語られていたという。ある人が手紙で知らせてくれたところによると、「アヴィニョン情報」のごときは、この吉報をいち早く掲載して、僕の死後、弔辞の形式で霊前に供えるべく準備しておいた罵詈讒謗《ばりざんぼう》の供物《くもつ》を、好機とばかりに、さっそく、横取りしてしまったのだそうである。

この噂には、なお一層のけしからぬ事情が付随していた。もっとも、僕はそれを偶然に知ったので、その詳細は知るを得なかったが。それというのは、僕のところで発見される予定の原稿の予約出版が、僕の死の噂と同時に開始されたことである。これでわかったのだが、僕が死んだら、さっそく、僕の書いたものだとして出すため、捏造《ねつぞう》の稿本があらかじめ用意してあったとみえる。なぜかとなれば、僕のところから実際に発見されるような原稿を、誰かがそのまま出版するなどと考えるのは、常識ある人なら思いもおよばぬことだからで、僕にしてもこの十五年間の経験から、そのような愚かな考えをいだくはずもなかった。

つぎつぎにこのようなショックを受け、その後も一層ひどいのが続々とつづいたので、僕のおさまっていると思われたイマジネーションは、がぜん、あばれだしてきた。そして人々が、僕の周囲にあかず増そうとしていたあの真っ黒い闇《やみ》は、それが僕におのずから起させるところの恐怖心を煽《あお》りたてるのだった。僕はこれら一切のことを、あれやこれやと解釈しようとした。僕には合点のいかないものとなった、人々のあの秘密行為を解こうと努力した。しかし骨折り損のくたびれ儲《もう》けとか、このおびただしい謎《なぞ》から得る唯一《ゆいいつ》の決った結果といえば、先に僕のあげたあらゆる結論を肯定することであった。つまり、僕自身の運命と、僕の名声の運命は、今日のあらゆるジェネレーションから協同一致で決定されてしまったからには、僕一人がいかにじたばたしても、その運命から免れる術《すべ》はない。というのは、たとえば僕が寄託物を他の時代に渡すとすれば、まずこの時代を通過させるためには、それを取りのけることが好きな手をどうしても借りねばならぬことになって、所詮《しょせん》、僕にとっては八方ふさがりになるからである、という結論であった。

しかし、今度という今度は、これどころではなかった。あのようにおびただしい突発事件の堆積《たいせき》、残忍きわまりないすべての仇敵《きゅうてき》の、いってみれば、ふとしたはずみの興奮、国家を統治しているすべての人々、世論を指導しているすべての人々、地位あるすべての者たち、共通の陰謀に協力するため、僕に何か人知れぬ怨恨《えんこん》をいだいている者たちの中から、特に選抜された折紙つきのすべての人間、これらがこのように全面一致したことは、それを純粋に偶然だとするにはあまりにも異常すぎる。

この陰謀に加担するのを拒む者が一人でもあれば、それとは反対の事件が一つでも起れば、それを阻害する事情が一つでも突発すれば、ただそれだけで、この陰謀を挫折《ざせつ》させるに十分であったはずだ。それだのに、あらゆる意志、あらゆる避けがたい事情、運命、そして、あらゆる革命が、彼ら人間の仕業《しわざ》を鞏固《きょうこ》にしてしまったのだ。それにしても、驚異ともいうべき、このように見事な協力一致は、その完全の成功が、天の法令に明記してあるのではないかと怪しまずにはいられないくらいだ。現在に対し、過去に対し、それぞれ種々の観察をするにおよんで、僕はこの考えを確認するにいたったのである。だからそのために、これまで僕が彼ら人間の邪悪の産物としか思っていなかったその同じ仕業を、人間の理性では測りえない、天のあの秘密の一つとして考えずにはいられないようになったのだ。

この考え方は、僕にとって残酷でもなく、痛切でもなく、それどころか、僕をなぐさめ、安らかにし、そして、僕にあきらめの心を起させてくれる。だからといって僕は、神の意志次第では、地獄に落ちても安んじたろうと思われる、あの聖オーガスチンほど極端ではない。僕のあきらめが流れ出るのは、なるほど、あのように無心無欲の源泉からではないかもしれないが、しかしそれに劣らず純粋の、そして僕の熱愛する完全なる「存在」には、嬉《うれ》しいことに、一層ふさわしい源泉からである。

神は正しい。神は僕が耐えしのぶことを欲している。そして、僕が清浄潔白であることを知っている。僕がみずからを恃《たの》むにいたった動機はここにあるのだ。僕の心情と理性は、この自己信頼が僕を裏切ることはないであろうと、僕に向って叫んでいる。だから、人間どもや、運命のしたい放題にさせておこう。文句をいわずに、耐えしのぶことを学ぼう。一切のものは、終局は、秩序にかえるのが当然だ。そして、僕の番も、遅かれ早かれ来るだろう。

第三の散歩

われつねに学びつつ老いぬ

ソロンはその晩年にしばしばこの詩句を繰返し言っている。この詩句には、僕がやはり自分の晩年において言っても差支《さしつか》えない意味がある。それにしても、この二十年来、経験によって学びえたのは、じつに悲しいことがらのみであった。まだしも学ばないほうがましなくらいだ。もとより苦難が偉大な教師であることはいうまでもない。しかし、この教師たるや授業料がはなはだ高価で、それから得る利益が、支払った代価ほどでないことが多いのだ。そのうえ、かくのごとき晩学では、学んだ知識をことごとくわがものとする前に、それを適用すべき時機が過ぎ去ってしまう。青春時代は叡知《えいち》を学ぶべきときである。老年時代はそれを実行すべきときである。経験はつねに教えるものであることは、僕もこれを認める。しかし、経験というのは、自分の前方にひらけている時空のためにしか役だたないものである。

死なねばならぬ間際《まぎわ》になって、生くべき方法を学ぶ時間などあるだろうか？　しようもあるまい！　僕の運命について、その運命をつくった他人の偏見について、このように遅く、このように、痛切に、いまさら知識を得たところで何になろう？　僕は、彼ら人間が僕を陥《おとし》いれたみじめな境遇をより強く感ずるためばかりに、彼らをより深く知ることを学んだようなものだが、そうして得た知識でさえ、彼らの張っていることごとくの罠《わな》を暴露して、僕にその一をだに避けさせえなかったのである。かくのごとく間抜けな、しかし心やさしい信頼の念は、永い年月、僕の宣伝好きな友人らの餌食《えじき》となり、玩具《がんぐ》となってきたのだが、そして僕は彼らのあらゆる陰謀にくらまされて、何一つ疑いさえせずにきたのだが、やっぱり僕は、あのまま彼らを信頼していたほうがまだしもよかったろうに！　なるほど、僕は彼らに欺《あざむ》かれ、彼らの犠牲になっていたのは事実かもしれない。それはそれとしても、僕は彼らから愛されていると信じていたのだった。そして、僕の心は彼らゆえに覚える友情を楽しんでいたし、また彼らにも僕に対して同じだけの友情があると思っていたのだった。だからそれでいいはずだった。それだのに、これらの甘い夢は破れたのである。時間と理性が僕にあばいて見せた悲しい現実は、僕に自分の不幸を感じさせることによって、知らしめたのである、この不幸には処置のないことを。このうえは、あきらめるよりほかないことを。かようにして、この年齢になるまでのあらゆる経験も、かかる状態にある僕にとっては、さしずめ何の効能もなく、また、未来の役にもたたないのだ。

われわれは生れると同時に競馬場に入り、そして、死と同時にそれから出る。人生の末路に来て、いまさら、おのれの馬を御する術《すべ》に上達しようとしたところで何になろう？　かくなっては、いかにして人生を終えるかを考えることよりほかはないのだ。老人の勉強というのは、もしまだ老人になすべき勉強があるとすれば、それは死ぬことを学ぶことだけである。ところで、僕の年齢の人たちが、最も等閑に付しているのは、実にこの勉強なのだ。人々は、この年齢になると、あらゆることを考えるが、このことだけは除外している。どんな老人も、子供以上に生命に執着している。そして、青年以上にいやいやながら生命を終えるのである。それというのも、彼らがなしたあらゆる仕事は、皆なこの生命のためであってみれば、彼らの労力のむだであったことを、人生の終りに際し初めて知るからであろう。彼らの一切の骨折り、一切の財産、勤勉な夜業から得た一切の成果、これとて全部、彼らはこの世を去るときには棄《す》てていかなければならないのだ。生きている間、彼らは、死んでも持ってゆけるものを獲得しようなどとは考えてもいなかったのである。

このようなことを僕が自分の心に言ってみたのも、それを言っていいときが来たからである。そして、よし僕が自分のかかる反省から一層の利益を得ることができなかったとしても、それは適当なときにその反省をしなかったためでもなければ、それらを十分消化しなかったためでもない。幼くして、渦《うず》巻く人の群れの中に投げこまれた僕は、早くから経験によって知ったのだった、自分はこのような人世で生きるのに都合よくできていないことを。そして、僕の心が欲しているような状態にはとうていゆきつけないであろうと。だから僕は、人間の間には見いだしえぬとかねがね感じていた幸福を、いまさらそこに求めようとはせず、早くも僕の熱烈なイマジネーションは、やっと始まったばかりの僕の人生の期間を、まるで見ず知らずの土地かなんぞのように、飛び越えようとしたのであった。そして、自分に永住できそうな、静かな場所におちつこうとしたのである。

この感情は、幼少のころから教育によって育《はぐく》まれ、また、生涯を通じて絶えることのなかった艱苦《かんく》と逆運の長い連鎖で強化されてきたのだが、実にこの感情が、僕をして、他の人たちにくらべて一層の興味と注意を払って、どんなときでも、自分というものの本性と目処《めど》を探求せしめたのであった。もとより、僕などより学者らしく哲理を述べた方々は僕もおおぜい知っている。しかし、彼らの哲学は、いうなら、彼らにとってよそごとなのだ。他の人たちより学者先生でありたい一念から、宇宙はどんなふうにできているかを知るために、宇宙を研究するのである。これではまるで、何か機械でも見つけると、まったくのもの好きからそれをいじくり回すのと同じことだ。彼らが人間の本性を研究したところで、それは学者らしく語ることができるからで、おのれを知ろうとするためではない。彼らは他人を教えるために勉強しても、内面的に自己を啓明するためではない。彼らの多くは、ただ本を作ることしか望まなかった。それがどんな本でもいい、歓迎されさえすればいいのだ。その本が作られ、発表されてしまえば、あとの内容などは、もうどうでもいいのだ。ただ他人にその本を採用させるようにし、攻撃された場合は弁護すればそれでいい。それのみならず、ただ世間から反駁《はんばく》されさえしなければ、その内容の真偽など頓着《とんじゃく》なく、いわんや、自分でそれを使って、自分のためにしようなどとは毛頭思わぬのだ。僕はちがう、自分が学ぼうと思ったときは、それは自分自身を知るためだったからで、教えるためではないのである。他人を教えるためには、自分を十分知ることから始めねばならぬと、つねづね僕は思っていた。そして、僕が人なかで生活しながら学ぼうと努力した一切の学問にしても、たとえば僕が余生を送るべくどこか無人島に行ったとして、そこでただ一人でもやはり学んだと思われるような学問だったのである。人がなすべきことは、おおむね人が信ずべきことにかかわっている。そして、自然の主要な要求にはかかわりない一切のものの中では、われわれの意見がわれわれの行動の尺度になる。これは常に僕の方針だったのだが、この方針にもとづいて、僕は、しばしば、そして長い間、自分の一生の使い方を定めるために、その真の目的を知ろうと求めたのだった。ところが、その目的たるや、この世では探求すべからざるものであることを感ずるにおよんで、ほどなく、自分が処世術に暗いことをそれほど悲しまないようになったのである。

良風と敬神がおもんじられている家庭に生れ、ほど経て、叡知と信仰にみちた牧師の家でやさしく育てられた僕は、いとけないころから、種々の教訓や格言の類《たぐい》を授けられたのだった。他の人たちなら僻説《へきせつ》だと言いそうなものばかりだったが、それでも、僕の一生を通じて何かと役だたないことはなかった。まだ、ごく幼くして、自分自身に没頭したり、人の愛撫《あいぶ》がほしかったり、虚栄心にかられたり、大望につられたり、窮乏に追いつめられたりして、僕はカトリックになったことはなったが、しかし、常にキリスト教徒だった。やがてほどなく、習慣にまけて、この新宗教に本心から帰依《きえ》するようになった。そこへもってきて、ワランス夫人の教訓や鑑戒が、僕の帰依をいよいよ鞏固《きようこ》ならしめたのである。青春の盛りを過した田舎《いなか》の閑寂な生活や、全身うちこんで没頭した良書の勉学のため、さなきだに愛情深く生れついた僕の天性は、彼女のそばにあって、いよいよ育成されたのだった。そしてフェヌロン流の信心家にまでなったのである。閑居における瞑想《めいそう》、自然の研究、宇宙の観察は、いきおい、孤独者をして、造物主の方にたえず向わしめて、自分の目に映るあらゆるものの目的と、自分の心に感ずるあらゆるものの原因を、こころよい不安の念をもって探求せしめたのであった。運命がふたたび僕を世の風潮の中に投げこむにおよんで、僕は、一時たりとも心を慰めてくれるような何物ももはやそこには見いださなくなった。そして、あの楽しかった閑暇の時代をなつかしむ心は、その後の僕にどこまでもつきまとってきて、幸運や栄達が得られるような、どんな手がかりが目の前に現われても、無関心と嫌悪《けんお》を投げつけるのみだった。僕は自分の不安な欲望の中でぐらついていたこととて、多くを望まなかったので、したがって得るところも少なかった。そして、自分が幸運の脚光を浴びているときでさえ、感じたことだった、よし自分の求めていると信じているものをことごとく得たところで、その実体を見きわめることができなければ、自分の心が渇望《かつぼう》している幸福はそこに見いだされないだろうと。かようにして、一切のものが寄ってたかって、僕の愛情をこの世から捥《も》ぎ取る結果になったのである。それは、その後この世で僕をまったくの他国者にしてしまうはずのさまざまの不幸が起る以前においてさえそうだった。こうして僕は四十の齢《よわい》になったのだ。貧困と富裕の間を、叡知《えいち》と錯迷の間を彷徨《ほうこう》して。心には何らの悪癖もないが、ただ習慣的の悪徳に染まって。自分の理性できめた方針もなく、行きあたりばったりの生き方をして。そして、おのれの義務を軽蔑《けいべつ》はしないが、それを十分認識しない場合が多く、だから、義務については、とかくうわの空になりがちで。

僕は青春のころから、この四十歳という時代に目標をおいて、これを自己完成への最後の努力のときであり、自分のあらゆる抱負の終了期であると定めておいたのである。この年齢になったら、自分がいかなる境遇にあっても、それからのがれようなどともがくことはしまい、余生はのんびりとその日暮しをしよう、そして、未来のことなどくよくよしまい、と、こう固く決心していた。その時は来たのである。僕はこの計画を難なく遂行した。そして、幸運が一層安定した土台に坐《すわ》りたげに見えたときでさえ、僕は何の惜し気もなく、むしろ、衷心から悦《よろこ》んで、その幸運を見すてたのだった。僕はこのようなすべての誘惑、すべての空《むな》しい期待から脱して、無欲恬淡《てんたん》の境に入りきったのだ。つねに僕の最も強い趣味であり、僕の最も恒久的な性向であった精神の静謐《せいひつ》に浸ったのだ。僕はこの世と、この世の華美を去ったのである。あらゆる装飾をすてたのである。もはや、剣も持たなければ、時計もない。白の靴下も、金ピカ物も、冠《かぶ》り物もない。ただごく簡単な髪と、着心地のいい、羅紗《らしゃ》の厚ぼったい衣服があるのみだ。それでもまだ足りずに、自分の棄て去るものを価値づけて見せる貪欲《どんよく》と渇望を、僕は自分の心から根こそぎ抜き取ったのである。およそ自分などのふさわしくない、これまで占めていた地位をすてたのである。そして、一ページいくらで楽譜をせっせと写しはじめた。これこそ、僕がつねづね確固たる趣味をいだいていた仕事だからである。

この改革を、僕は外部的なことのみに止《とど》めておかなかった。この改革自身が、おそらくは一層困難な、しかも思想的には一層必要な別の改革を要求していることを、僕は感じたのである。このうえは一時もぐずぐずしないことにして、僕は自分の内部にきびしい検討を加えることに着手したのである。こうして自分の生きているうちに、この検討によって内部を始末しておけば、死際《しにぎわ》にも、そのままのそれが見いだせるだろうと思う。

今しも僕の内部で起った大革命。眼前にヴェールを剝《は》がれた内面的の別世界。自分がどれほどその犠牲になるかはいまだに見通しはつかないが、ただ僕もその不合理は感じはじめたところの、彼ら人間の非常識な批判。文学上の虚栄心など、僕はその点にちょっとふれただけでうんざりしたのだが、そんな虚栄心よりほかの仕合せに対する、日に増大する要求。僕が最も華やかな前半生を通ってきた道のような、あんなに不安定ではない道を余生のために作ろうとする欲望。——以上の一切が集まり、僕を駆りたてて、僕が久しい以前から必要を感じていたこの大検討を試みさせようとしたのである。だから、僕は着手した。そして、この計画を立派に遂行するため、僕は自分に関係あるものは何一つとして見のがさなかったのである。

　この時機からである。僕がこの世を完全に放棄することができるようになったのは。そして、これ以後は、ふたたび僕を去ることのなかった、あの孤独を愛する激しい嗜好《しこう》がはじまったのは。僕が計画をたてたこの事業は、絶対的の閑居においてしか果されえなかったのである。それには、騒々しい人間社会などとは相容《あいい》れない、静かな、長い内省が必要なのだった。そのため僕は、一時、別の生活方法をとらざるをえなかったのである。もっとも、やがてその方法は、僕にとって非常に具合のいいものになってきたので、それ以来は、しかたない折々に、それもほんのしばらくの間だけ、中断したくらいのもので、ふたたびこの方法を悦んで取るようになり、それが自由にできるようになってからは、この方法に制限されて生活することも、べつに苦労ではなくなったのである。そして、ほどなく、人々が僕をただ一人きりで生活するようにさせたとき、僕は知ったのである、彼らは僕を不幸にしようと隔離することによって、実は僕一人ではできなかったほどのことを、僕の幸福のためにしてくれたようなものだと。

僕はこの仕事に没頭した。事の重要性、および、自分が必要だと思う要求に比例した熱情をそそいで、僕の計画したところの仕事なのだ。そのころ僕は、古《いにしえ》の哲学者とは似もつかぬような、当世の哲学者と一緒に生活していたのだった。彼らときては、僕の疑惑を一掃し、僕の未解決を決定するどころか、僕の最も知る必要のある要点について、僕のいだいていた確信をさえ、ことごとくぐらつかせたのである。それというのも、無神論の熱心な宣伝者であり、きわめて猛烈な独断家である彼らには、人が彼らと別に考えるということは、それがいかなることがらであれ、腹だたしく、耐えがたかったからである。僕は論争がきらいだし、また論争を続ける才にも乏しいので、どちらかといえば、受太刀《うけだち》の場合が多かった。といっても、決して僕は彼らの嘆かわしい学説を採用することはなかった。そして、僕同様に他の説を容れないで、しかも自分たちの見解を持《じ》している人たちに対する僕のこの反抗が、どうやら彼らの怨恨《えんこん》を買った最も大きな原因の一つだったらしいのである。

彼らは僕を説服させえなかったとはいえ、不安にしたのである。その論証は僕を動揺させるのみで、納得させることは絶対になかった。そこには何らよい返答が見いだされなかった。しかも、僕はそれがあってしかるべきだと思っていた。僕は不条理より誤謬《ごびゅう》のほうがまだしもいいと思っていた。それで、僕の心情のほうが、僕の理性よりも彼らに多く答えたのだった。

ついには僕はわれとわが身に言ってきかせた。《僕はこうして永久に、うまいことを言う人たちの詭弁《きべん》に翻弄《ほんろう》されている必要があるだろうか？　彼らが説いている意見、あんなに躍起になって他人に押しつけようとしている意見が、はたして彼ら自身のものであるかどうか、わかったものではないじゃないか？　彼らの学説を支配しているあの熱のあげ方にしても、あれがだめならこれを信じさせようとする、あの関心ぶりにしても、夫子《ふうし》自身、何を信じているのか、推察することさえ不可能なのだ。党派を組む指導者に誠実を求めることができるだろうか？　彼らの哲学は他人用なのだ。僕には自分用のものが一つあればそれでいい。まだ時間はある。全力をつくして捜すとしよう。そして、残り少ない余生を生きてゆくうえでの不変の指針を定めよう。いま僕は、分別ざかりの老成の年齢にある。もうすでに老衰期に入りかけている。このうえ、ぐずぐずしていたら、思案にあまっているうち、自分のあらゆる力を使わずにしまうだろう。使おうとしたところで、もうそのときは、僕の知的能力などとうに活動性を失っているにちがいない。今日なら、全力をつくしてできることも、あとになればそうはゆくまい。だから、この好機をとらえよう。今は、僕の外部的の、有形的な改革の時機である。これをして、知的の、精神的な改革の時機ともしたいものだ。誠心誠意、おのれの意見を、おのれの

プリンシプルを定めよう。そして、今後とも何か発見したら、それを十分考察したあとで、自分の余生に資するものたらしめよう》

僕はこの計画を、おもむろに、累次的《るいじ》に行なっていった。といっても、僕にできうるかぎりのあらゆる注意と、あらゆる努力をはらって。僕の余生の平穏と、僕の全運命は、いつにかかってこの計画にあることを、僕は痛切に感じたのだった。最初のほどは、障害、困難、故障、曲折、暗黒、このような迷宮に入ってしまって、何度、すべてを放擲《ほうてき》しようとしたか知れなかった。思案にあまった末、かかる甲斐《かい》ない模索は断念し、世間一般の用意周到だけを指針にして、整理するだけでもこれほど骨の折れるプリンシプルの中にはもうそれを求めまいと、あやうく決めるところだった。ところが、この用意周到というのが僕にはまったく馴染《なじみ》がなかったし、またそれが得られるような柄とも思われなかったし、だからいまさらそんなものを道案内にするのは、ちょうど、舵《かじ》もなければ羅針盤《らしんばん》もないのに、暴風と波濤《はとう》をよぎって、とても近よれない、どんな港も示してくれない燈台《とうだい》を捜そうとするようなものだった。

僕はがんばった。――生れて初めて、僕は勇気を出した。そして、思いもおよばなかったのに、そのときから、僕にのしかかってきた恐ろしい運命に、僕が耐ええたのも実にこの勇気の成功に負うているのだ。おそらくはいかなる人間によってもなされなかったろうと思われる、熱烈真摯《しんし》の探求を重ねて、僕は、一生涯にあって、自分に肝要なあらゆる感情を選択しておいたのである。そして、よし僕が結果において誤ったとしたところで、少なくとも、僕の誤謬は、罪に擬せらるべきものではないと確信している。なぜかとなれば、僕は誤謬を犯すまいとあらゆる努力をはらったからだ。もとより、子供のころの先入主や、僕の心のひそかな願いが、自分にとって嬉《つれ》しいほうに秤《はかり》を傾けさせたことは言うまでもあるまい。自分が熱烈に欲していることは、信じないわけにはゆかないものである。そして、来世における審判を認めるか、認めないかの関係が、来世を望むか、恐れるかに関して、大部分の人たちの信念を決定するものであることを、誰が疑いえよう？　このようなことが、あるいは、僕の判断を迷わしたかもしれぬことは、僕もこれを認めるが、僕の誠実を変質しえたとは思われない。なぜというに、僕は何にもまして誤つことを恐れていたのだから。もしも人生の使い方が最も肝要なことだとすれば、その使い方を知るのが大事で、まだ時間のあるうちに、少なくとも自分に関する最上の利益をそれから引出すようにし、そして、人からはまんまと騙《だま》されぬようにすればいいはずだった。それだのに、当時の僕のような心的傾向にあって、この世で最も警戒せねばならなかったのは、僕にはさして価値あるものには思えなかったところの浮世の幸福を享受《きようじゆ》せんとして、おのれの魂の永遠の運命を賭《と》すことであったのである。

なるほど僕は、われらの哲学者たちからは耳にたこのできるくらい聞かされ、そして僕も手をやいたあれら一切の難問題を、必ずしも思う存分に解いたとは申さない。しかしながら僕は、人知をもってしては取りつきようのない問題をあらかじめ究《きわ》めておこうと決心したのだが、そして、不可知の神秘と、解決しがたい異論《オブジェクション》にいたるところで突きあたったのだが、それに対して僕は、直接的に最も明白にされていると思われた感情、そのまま最も信用していいと思われた感情を、疑問に逢着《ほうちゃく》するごとに採用したのである。そして、よし僕には解明できない異論でも、それとは反対説の、そして、それに劣らず強力な他の異論によって反駁《はんばく》されうる異論にはこだわらないことにしたのである。この種の問題における独断的な口吻《こうふん》など、およそ香具師《やし》にしか似合わないものである。それにしても、自家用の感情をもつことが肝要だ。そして、判断をねりにねったうえで、その感情を選択することが肝要だ。もしそれでもまだ誤謬に陥るとすれば、それはもうわれわれの科《とが》ではないのだから、正当に罰せられるべきではあるまい。これが僕の安泰の基礎となる動かしえないプリンシプルなのだ。

僕の困難な探求の結果は、その後、「サヴォア僧侶《そうりょ》の信条」の中に書いたとおりである。思えばこの書は、今のジェネレーションからはぼろくそに貶《けな》され、さんざの目にあったが、今後、万が一にも人々に良識と誠意が再生するようなことがあれば、必ず革命を起すにちがいないと思う。

そのとき来《らい》、あのように長かった、あのように熟慮を重ねた内省の果てに、自分の採用したプリンシプルの中に安心して落着いた僕は、それをもって自分の行状と信条の動かすべからざる指針としたのである。そして、自分に解明できない異論にも、またときどき、心に新しく現われてくる、予想しなかった異論にも、もはや僕は不安を感ずるようなことはなかったのである。ときに、これらの異論は僕を不安にはさせたが、動揺させるようなことは絶えてなかった。僕はいつも自分の心に言ったことだ。〈すべてあれらは、要するに形而上学《けいじじょう》の空言であり、屁《へ》理屈にすぎないのだ。そして、僕の理性が採用し、僕の心情が確認し、そして、煩悩《ぼんのう》の皆無の中で、ことごとく内面的一致の印綬《いんじゅ》を帯びている根本的なプリンシプルに比すれば、あれらは物の数ではないのだ。僕に解明できない異論があったにしても、人間の理解を越えた、かくも高級な問題にあって、はたしてそれ一つのために、確固不動の学説《ドクトリン》の本体がくつがえされるものだろうか？　あのような内省と配慮によって形成され、僕の理性と心情と全存在に、あのように適応し、他のいかなる学説にも欠けていると思われる内面的一致によって強化された学説が、そのように脆《もろ》いものだろうか？　そんなものではあるまい。僕の不滅の天性と、この世界の構造との間に認められる適合、および、そこに明らかに確立されている物的秩序を、かかる空虚な論証が破壊するようなことは絶対にないだろう。その物的秩序に対応する心的秩序の中に――そして、その組織は僕の探求の結果だが――僕は自分の生活の困窮に耐えるに必要な支《ささ》えを見いだすのである。これ以外の組織の中では、僕は資源なく生きることになり、希望もなく死ぬるであろう。被造物の中で最も不幸な者になるであろ

う。だから、運命や、人間どもにはおかまいなしで、ただ自分を幸福にしてくれるだけのものに止《とど》めておこう》

この熟考と、それから得た結論は、さながら天から授かったものではないかと思われるくらいだ。待ち受けていた運命にそなえさせ、それに耐えられるようにしておいてくれたような気がする。そうでもなかったら、僕を待ち受けていた恐るべき苦悩の中で、僕が晩年に陥った信ずべからざる境涯の中で、いったい僕はどうなっていたことだろう? 今後とてどうなることだったろう? 執念深い迫害者らからのがれる避難所もなく、彼らがこの世で僕に与えた恥辱をすすぐこともなく、僕に相当した正義を得る望みもなくて、この地上のいかなる人間も遭遇したことのないほどの恐るべき運命に全身を委《ゆだ》ねられている自分に気づいたとき、もし僕に用意ができていなかったら、どうだったろう? 僕は自分の清浄潔白に安心しきって、人々の僕に対する尊敬と好意しか想像していなかったのに、僕は胸襟《きょうきん》を開いて、友人や兄弟と心情を吐露していたつもりでいたのに、裏切り者は、地獄の底できたえた罠《わな》を、こっそり、僕に仕組んでいたのである。あらゆる厄災のうちで最も不意打ちの、そして高潔な人にとっては最も恐ろしいのに見舞われ、誰によってだか、なぜだかも知る由《よし》なく、泥濘《でいねい》に引きずりこまれ、屈辱の深淵《しんえん》の中に沈められ、ただあちこちに忌《いま》わしい物しか見えぬ恐ろしい暗黒に閉じこめられてきた僕は、最初の奇襲で打ちのめされてしまったのである。そしてもし僕が、倒れてもまた起きあがるだけの勇気を前もって蓄《たくわ》えておかなかったなら、この種の思いがけぬ厄災が、僕を投げこんだその意気銷沈《しょうちん》から、ふたたび立ち直ることは永久になかったろうと思われる。

ようやく僕が正気づき、自分自身に立ちもどるにおよんで、自分が苦難の用意に蓄えておいた資源の価値を感じるまでには、数年の懊悩《おうのう》を経なければならなかった。裁決する必要のある物はことごとくを極《きわ》めてしまった僕は、自分の持説を自分の境涯に比較してみて初めて知ったのである、彼らの愚劣な批判や、このはかない人生の些事《さじ》に、僕はあまりにも不当の重要性を与えていたことを。この人生というのは苦難の　状態でしかない以上、生れてくる結果には苦難はつきものであるからには、その苦難の種類などたいして問題ではないということを。したがって、苦難が、大きく、強く、増加すればするほど、それに耐えられるようになるので、いよいよ有利になるのだということを。いかに激しい苦痛とて、そこに大きな確実の償いを見る者にとっては、苦痛の偉力は失われるものである。そして、この償いの確実性は、僕が自分の先前の内省から得た重要な成果だったのである。

僕が四方からその圧力を感じた無数の迫害と無限の侮辱の最中においても、その間、ときおり、不安と疑惑が起ってきて、僕の希望を動揺させ、僕の静安をみだしたことは事実である。僕に解明できなかった強力な異論のごときは、このときとばかりに、一層力を得て僕の胸に浮んできて、折しも、自分の運命の重荷にたえかね、意気銷沈して今にも倒れそうになっているその間隙《かんげき》に乗じて、最後の止《とど》めを刺そうとするのであった。世間で行われている新しい論証が僕の精神にときどきやってきては、前から僕を苦しめていた論証を援助しようとするのである。僕は胸がつまって、窒息しそうになり、あぁ！とばかり悲鳴をあげて、ひとりごつのだった。《一体、誰が僕のために絶望を防いでくれるのだろう？　これまで僕の理性が支給してくれていた慰藉《いしゃ》の中に、わが身の運命の恐ろしさのあまり、妄想《もうそう》しか見ないとすれば。こうして、理性が自分で自分の仕事を毀《こわ》していって、せっかく僕が苦難の用意に蓄えておいた希望と自恃《じじ》の支柱をくつがえすとすれば。この世の中でただ僕一人をしか慰めてくれないような夢が、何の頼みになろう？　今日のあらゆるジェネレーションは、僕だけ一人がいだいている感情の中に、誤謬《ごびゅう》と偏見しか見ないのである。だから、このジェネレーションは、僕のとは反対のシステムの中に、真理を、明証を見いだすことになる。そして僕が、誠心誠意、自分のシステムをたてていることを信じかねているようにさえ見える。そして僕自身は、おのれのシステムに全意志を注いで没頭しているだけに、かえってそこに幾多のうち克《か》ちがたい難問題を見いだすのである。それは僕には解明できないが、僕がそのシステムを固執する妨げにはならない難問題なのだ。してみると僕は、人間の中でただ一人の賢者であろうか？　ただ一人の具眼の士であろうか？　物ごとはこんなものだと信ずるためには、その物ごとが自分の気に入るというだけでいいだろうか？　僕以外の人間の眼には何ら確実性のないものとして映る外観、また僕にしたところで、もし僕の心情が、僕の理性を支持しなければ、あるいは空《むな》しいものに思うかもしれぬ外観に、徹底的な信頼を寄せていいものだろうか？　迫害者を撃退する行動に出るわけでもなく、彼らの攻撃を受けっぱなしで、自説の妄想にふけってなどいるより、彼らの説を採用することによって同様の武器をふりかざし、彼らと一戦交えたほうがましではなかったろうか？　僕は自分を賢者だと思っている。とんでもない、僕はつまらぬ錯誤にひっかかっただけのことだ。その犠牲者であり、その受難者であるにすぎないのだ》

このような疑惑と不安定の折々に、僕はいくど自暴自棄に陥ろうとしたことだったろう！　万一、こんな状態がまるひと月も続いたら、僕の生活も、僕の一身もどんなことになったかしれない。しかしこれらの危機は、以前は相当頻繁《ひんぱん》ではあったが、いつもたいてい期間が短かったのである。そして、このごろでは、まだ完全にはそれから脱去したといえないまでも、すこぶる回数が減じ、また急速に過ぎ去るので、僕の静安をみだすだけの力はなくなっている。それは、川に落ちた一枚の羽毛が、水の流れをかえないほどの、僕の魂にさして作用するとは思われないかすかな不安にすぎないのである。僕にとってはすでに決定ずみの、その同じ諸問題を、ふたたび討議することは、新たな理解力か、あるいは一層円熟した判断か、あるいは、僕の探索当時以上の、真理に対する熱意を要することになると思う。ところで今日の僕は、その一つの資格さえ持っていないし、また持ちえないのである。だから僕は、自分を絶望の淵《ふち》に誘いこんで、いよいよ自分の不幸を深めるような説を、ただ漫然と選ぶ気にはなれなかった。むしろ僕は、血気ざかりのときに、精神の成熟期に、最も厳密な検討を加えて採用した感情、生活が平穏だったため、真理を知る以外に大きな興味がなかったような時代に採用した感情を選ぶべきではなかったか。心は苦痛でしめつけられ、魂は憂苦に圧せられ、イマジネーションはいじけ、頭脳は僕を取巻く恐ろしい神秘でみだされている今日、老年と煩悶《はんもん》のため衰えきった僕のあらゆる能力が、その弾力をことごとく失った今日、僕はこれまで蓄えてきたすべての資源を、みずから好んで捨てようとするのか？　身に覚えがなくして苦しめられている厄災を償うために、みずみずしい壮健な理性によろうとはしないで、おのれを不当にも不幸にするために、わざわざ衰えかけた理性のほうを信頼しようとするのか？　とんでもない、僕はあれらの大問題を決めたときより、一層賢者になっているのでもなく、一層偉くなっているのでもなく、一層誠実になっているのでもない。今日、僕が困りぬいているような難問題を、当時、僕は知らないことはなかったのだ。ただ、僕の心を引きとめなかったまでのことである。人々の思いもしなかったような、何か目新しい難問題が現われたとしても、それはいずれも、漠《ばく》とした形而上学に属する詭《き》弁《べん》にすぎなく、あらゆる時代によって、あらゆる賢者によって受入れられ、あらゆる国民によって認められ、そして人類の心に不朽の文字で刻まれた永遠の真理を揺すぶることなどできない底《てい》のものなのだった。僕はこの種の問題を考察することによって知ったのだが、人間の理解力は感覚によって制限されている以上、感覚をその全範囲にわたって包含することなどできるものでない。だから、僕は自分に了解できるだけのことに止《とど》めて、それ以上は深入りしなかったのである。この方法は合理的だった。僕は前にこの方法を採用し、そして僕の心情と理性の同意を得て、それに拠《よ》ったのだった。幾多の有力な理由のため、僕はますますこの方法に拠らねばならぬ今日になって、どんな根拠あって、それを断念しようというのか？　これを継続していたら、何か危険があるというのか？　それを放棄したら、何か利益があるというのか？　僕の迫害者らの学説《ドクトリン》を採用することによって、彼らの道徳《モラル》をもちょうだいしようとするのか？　彼らは、書物や、芝居の立ち回りに派手なところを見せびらかしているが、そのくせ、心情にも理性にも滲《し》み入るもののさらにない、あの根も葉もない道徳《モラル》を？　それともまた、彼らの間のみで通用している暗黙の学説ともいうべき、あの隠密で残酷な別の道徳《モラル》を？　それ以外の正常の道徳《モラル》は偽物《にせもの》にされてしまうところの、そして、彼らが自分らの行状においてのみ遵奉《じゅんぽう》している、僕に対してあのように巧妙に適用した道徳《モラル》を？　それを僕は採用しようとするのか？　純粋に攻撃的なこの道徳《モラル》は、防御に何の用をなさず、ただ侵略に都合いいのみである。それだのに彼らから陥《おとし》いれられた状態の中にある僕にとって、かかる道徳《モラル》が何の役にたとう？　僕が清浄潔白であるということのみが、不幸の中にあって、僕を支持してくれているのである。この唯一《ゆいいつ》の、しかも強力な資源を手放したら、邪悪をもってそれに代えることになるのではないか？　他人を害《そこな》う術で、僕は彼らに追いつこうというのか？　よし僕がそれに成功したところで、僕が彼らになしうる害というものが、彼らの僕にする害を、どれほど軽減してくれよう？　僕は自尊心を失うばかりで、それに代る何物も得ないことになるではないか。

このように、僕はわれとわが身を説得することによって、陰険な論証のため、解明できない異論のため、僕の能力を、おそらくは人間精神の能力を越えるがごとき難問題のため、もはや、おのれのプリンシプルに動揺を起すことはないようになったのである。僕の精神は、僕がそれに与えうる最上の鞏固《きょうこ》な地盤に踏みとどまったまま、僕の良心の保護の下に、そこへ完全にいついたので、新旧を問わず、いかに見知らぬ学説が現われても、もはや、僕の精神を動かすこともできねば、僕の静安を一瞬なりとみだすこともできぬのだ。僕は、物憂《ものう》さと、精神の不振に陥ったため、いつも自分の信念と持説の基礎となった推理力まで忘れてしまったのである。それにしても、僕がおのれの良心と理性の承認を得て、そこから引出した結論を忘れることはよもやあるまい。そして、今後とも、これに拠ることにする。いかに哲学者らが寄ってたかって、喧嘩《けんか》を吹っかけにきたところで、時間と労力のむだ使いというものだ。僕は今日よりも選《え》り好みが自由にできたときにした決心を、何ごとであれ、これからの余生は守り通すつもりだ。

こうした心境に落着きを得た僕は、自分のごとき境涯にあっては必要な希望と慰藉《いしゃ》をそこに見いだし、自己に対する満足を覚えるのであった。このように完全で、不易《ふえき》で、それみずからは悲しい孤独、今日の全ジェネレーションのつねに敏感で能動的な憎悪《ぞうお》、そのジェネレーションがたえず僕に浴せる侮辱、もとよりこれらがときに僕を失意困憊《こんぱい》の中に投げこむことがないではないのである。ぐらついた希望が、悲観的な疑惑が、いまだにときどき戻ってきては僕の魂をかきみだし、悲哀で満たそうとする。このときである。僕自身を安心させるに必要な、精神活動が不可能になった僕が、自分の昔の決断を想起する必要のあるのは。すると、僕がいつでも引出せるように預けておいた、配慮や、用心や、心の真実性が記憶によみがえってきて、僕に自己信頼の念をもどしてくれる。このようにして、僕の静安をみだすばかりが能の、見かけだおしにすぎないいかなる新思想も、わざわい多い誤謬と同様、僕は取合わないのである。

こうして、おのれの昔の認識の狭い圏内に閉じこめられている僕は、ソロンのように、老いながら、なおかつ、日々学びうる幸福をもっていないのである。それのみならず、今後の僕にとっては知ることのできぬようなことがらを学ぼうとする危険な矜衒《きょうげん》は、これを極力警戒しなければならないのである。さりながら、有益な啓蒙《けいもう》的方面には、僕などの望む獲物はもうあまり残っていないとしても、僕のような状態には必要な徳義の方面には手に入れるべき重要な獲物がまだ相当に残っているのである。そのときこそ、僕の魂は自力で獲得しえた学識で、みずからを富ませ、飾るであろう。肉体によって目かくしされ、盲目にされていた魂が、肉体から脱却し、今ではヴェールなしで真理を見ることができて、われらの似非《えせ》学者があのように得意がっている、あれらことごとくの知識のみじめさに気づくとき、魂はこの人生において、得ようと欲して失った数々の時間を惜しみ嘆くことであろう。それにしても、忍耐、温和、諦念《ていねん》、清廉《せいれん》、公平無私は、人が自分だけで得られるところの、そしてたえず自分を豊かにすることのできる善で、死といえども、われわれからその価値を奪い去る気づかいはないのである。実にこの唯一の有益な勉学にこそ、僕はおのれの残り少ない余生を捧《ささ》げるのだ。僕が自分のうえに積み重ねてきた進歩によって、もしこの世を去ることを学ぶならば、たとえより善くなっていなくとも、瞑《めい》すべきであろう。なぜなら、より善いなどということはありえないが、しかし少なくとも、この世に入ったときよりも、より徳を具《そな》えて去るであろうから！

第四の散歩

今もってときおり繙《ひもと》く少数の書物のうちでも、僕にはプルータルコスがいちばんおもしろく、また、得るところもいちばん多い書物である。これは僕の幼年期における最初の読書だったが、僕の晩年における最後のものにもなるであろう。読むごとに、かならず何らかの獲物を得るという点で、これは唯一の著書だといっていい。一昨日も、彼の教訓的な作品の中から、「人はいかにして敵から利益が得られるか」という論文を読んだ。たまたま同じ日、多くの著者から寄贈を受けた小冊子を整理していたら、ロワユー師の日録の一冊に目がとまった。（二）Vitam vero impendenti, Royou（真理のために命を捧《ささ》げる人に。ロワユーより）という文句を師はその表題につけている。こういう連中の言いまわしを知りぬいている僕が、これに騙《だま》されるはずもなかった。このように丁重を装《よそお》いながら、その実、残酷な反語を言ったつもりだぐらいは僕にとてわかる。それにしても、何の根拠あってのことだろう？　なぜこのようないやみを言うのだろう？　このように言われる覚えが僕にあるだろうか？　さっそくながら、わがプルータルコスの教訓を利用せんものと、翌日の散歩は、虚言について反省してみることに決めたのである。そして、デルフ神殿にある例の「汝《なんじ》みずから汝を知れ」は、僕が「告白録」を書いた当時信じたごとく、実行できる格言ではないという確信をもって、その散歩をはじめたのだった。

翌日は、この決心を実行しようと歩きだしたわけだが、考えて、まず第一番に胸に浮んでくるのは、僕（二）が少年時代についた一つの恐るべき虚言のことである。その思い出は僕の一生を悩まし、こうして老年にいたるまで、さなきだにさんざ痛めつけられた僕の心を、今もって悲しませにくるのである。この虚言は、それ自体すでに大きな罪悪であったが、おそらくは、それから生じた種々の結果によって、一層大きな罪悪になったに相違ない。もっとも、僕はそれらの結果を知ったわけではなかったが、ただ後悔の念が、最大限に残酷な結果を僕に想像させたのである。しかしながら、僕がその虚言を言おうとしたときの心的状態のみを考えてみるに、この虚言は、あの意地悪な羞恥心《しゅうちしん》の結果でしかなかったのである。そして、その犠牲になった少女を害する目的で発せられたどころか、僕は天の面前で誓うことができる、この抵抗しがたい羞恥心が、むりやり、僕に虚言をはかせたその瞬間においてさえ、もしその結果を僕一人に向けることができるものなら、僕はよろこんで身命を捧げたろうと。それは説明しようのない逆上の状態で、その瞬間、僕の内気な性質が、僕の心情の欲するところを抑えつけたのだと、こう自分が感じたと思うとおりに言うよりほかない。

この不幸な行為の追憶と、それが僕の心に残した消しがたい後悔が、僕に虚言の恐ろしさを植えつけたこととて、その後は生涯を通じて、かえってこの恐怖が僕の心にこの悪徳を防いでくれる結果になったのである。僕があれを自分の座右銘としたとき、自分はその資格があるようにできていると感じたのだった。そして、ロワユー師の言葉から、自分をよりきびしく反省してみたときは、自分がこの座右銘にふさわしからぬなどとは思いもしなかったのである。

ところが一層丹念に、自分の欠点《あら》さがしをしてみて、僕は驚かざるをえなかったのである。それは、真理を愛することでは自信のある僕が、人間のなかで他に例を知らぬほどの公平をもって、おのれの安全や利益や一身を真理の犠牲に供していながら、しかも一方では、本当のこととして言った覚えのあることで、実は自分の作りごとであったことが無数にあったのである。

最も僕を驚かしたのは、こうしたこしらえごとを思い出しても、真底からの後悔を少しも感じないということである。虚偽に対する恐怖の念が、何よりも強く心の中に巣食っている僕、一つの虚言を避けるため、必要とあらば刑罰もいとわぬ僕が、何の必要もなく、何の利得もないのに、あのように心たのしげに、嘘《うそ》をいうとはなんと奇妙な矛盾であろう？　それのみならず、五十年間、一つの虚言ゆえ呵責《かしやく》の念に苦しみ通してきた僕が、いささかの悔いも感じないとは、なんという不可解の撞着《どうちやく》であろう。僕は自分の過失にけっして鈍感のほうではなかったのである。いつも道徳的本能が僕をよく導いてくれたし、僕の良心はその生れながらの完《まった》さを無疵《むきず》で通してきたのである。さて、よしたとえ僕の良心が僕の利害に屈して、変質したとしても、一人の人間が情熱のゆえによぎなく過失をおかしたという言訳のできる場合にあっても、その公正を保ちつづけた良心が、悪徳などの介在しない、どうでもいい場合だけ、なんでその公正を失ったりするだろうか？　この問題の解決は、この点に関して、僕が自分自身に下すべき判断の正しさにかかっていることがわかったのである。そこで、僕はこの問題を十分検討した後、それをどういうふうに解釈するにいたったかを、以下述べてみよう。

何か哲学の本で読んだ覚えがあるが、嘘を言うのは、明白にすべき真実を隠すことだそうである。この定義によると、言う必要のない真実を黙っているのは、嘘を言うことではない、ということになる。しかし、このような場合、真実を言わずにはいられないような人が、反対のことを言ったとすれば、その人は嘘を言ったことになるだろうか？それとも、嘘を言ってないことになるだろうか？　定義に従えば、その人は嘘を言っているとは、どうしても言えないのだ。なぜかとなれば、もしその人が、自分が金を借りていない人に、贋金《にせがね》を渡すとすれば、もちろん、相手を騙《だま》すことにはなるが、金を盗むことにはならないからである。

ここにおいて、二つの検討すべき問題が起ってくる。双方ともきわめて重要な問題だ。第一は、人が必ずしもいつも真実を言う必要のない以上、もし言うとしたら、いつ、いかにして、他人に向って言うべきか。第一は、人が悪意なく騙しうる場合があるかどうか。この第二の問題が決定ずみであることは、僕もこれをよく知っている。すなわち、書物の中では否定されている。書物でいかにきびしい道徳をふりまわしても、著者には痛くも痒《かゆ》くもないからだ。社会では肯定されている。書物の中の道徳なんて、実行不可能の饒舌《じょうぜつ》だとされているのだ。だから、このように反対を言い合いしているこれら二つの権威は放っておくとしよう。それよりは、僕自身のプリンシプルにのっとって、自分のために、これらの問題を解決するように努めよう。

広義における、抽象的な真実は、一切の善の中で最も貴重な善である。これがなければ、人は盲目になる。真実は理性の目なのだ。この真実によってこそ、人はおのれの導き方を学び、おのれのありようを学び、なすべきことのなし方を学び、おのれの真の目的への向い方を学ぶ。個々別々の、特殊な真実は、必ずしも善ではない。それは、ときによれば悪であり、どうでもいい物である場合が最も多い。人の人間が知らねばならぬことがらは、そして、それを知ることがその人の幸福に必要であるようなことがらは、おそらく、数多くはないだろう。しかし、それが、どれだけの数であるにせよ、それはその人に属している善であり、見つかりしだい請求する権利のある善であり、また、よほどひどい盗み方でもしなければその人から横領できない善である。それというのも、その真実は万人の共有財産だから、人に与えても自分の損失にはならないからである。

教育のためにも、また実際においても、何の能もないもろもろの真実にいたっては、それらが善でさえない以上、どうしてそれらが当然なすべき善などでありえよう。元来、所有権は、有用性の上にのみ基礎づけられている以上、有用性の可能のないところには、所有権はありえないのである。たとえ不毛の地所でも、人はそれを要求することができる。なぜなら、少なくとも人は、その土地に住むことができるから。とはいえ、万人の目にどうでもいい、誰人《たれびと》にとっても関係のない、くだらない事実が、真であろうが、偽であろうが、それは誰にも興味のないことなのだ。精神界にあっては、肉体界と同様、何一つとして無用なものはないのである。何の役にもたたないことをしなければならぬという法はないのである。そのことがなされなければならないためには、そのことが有用であるか、有用でありうるかでなければならぬ。かくして、言わなければならぬ真実というのは、正義に関する真実でなければならぬ。そして、その存在が万人に無関係の、それを知ることが何の役にもたたぬようなむだごとに、真実を適用することは、その神聖の名を汚瀆《おとく》するようなものである。あらゆる種類の、可能的な有用性の剝《は》ぎ取られた真実は、だから、必然のものではありえないのである。したがって、かかる真実を黙っている者、あるいは、それを変える者も、嘘を言うことにはならない。

それにしても、あらゆる点で、あらゆることに無用だと言えるくらい、それほど完全に空虚な真実というものがあるだろうか。しかしこれは別のことになり、この際云々《うんぬん》すべきでなく、いずれ後でふれるほうがよかろうと思う。さしあたり、第二の問題に移ろう。

真であることを言わないのと、偽であることを言うのとは、非常に相違した二つのことであるのだが、それでいて、それから同一の結果が生じうるのである。なぜなら、その効果が無である場合は、つねにその結果は確実に同一だからである。真実であることがどうでもいいようなときは、その反対の誤謬《ごびゅう》もまたどうでもいいのである。したがって、真実の反対を言うことによって欺《あざむ》く者とて、真実を述べないことによって欺く者同様に不正ではない、ということになる。なぜなら、無用の真実に関するかぎり、誤謬は無知より悪いとは言えないからである。海の底にある砂を、僕が白と信じようが、赤と信じようが、そんなことは、その実際の色を知らないのと同様、僕には重要なことではないのである。不正とは、他人に与える損害の中にのみ成り立つものである以上、誰をも害《そこな》わない不正が成り立つものであろうか？

しかし、こういう問題は、あまり手っとり早く解決してしまうと、実行に際しての確実な適用を、もはや供給してくれることができなくなる。そして起りうべきあらゆる場合に、この適用を正しく用いるために必要な、あらかじめなすべき多くの解明もなさずにしまうおそれがある。なぜなら、もし真実を言うことの義務が、ただその有用性のみに基づいているとすれば、その有用性の判決者にみずから任ずることなど僕にはできないからである。一人の利益が、他の人の不利になることは往々にしてあるし、個人の利益が公益と相反するのはいつもながらのことである。かような場合、どう処したらいいか？　いま自分の話している人の利益のために、不在の人のそれを犠牲に供しなければならぬだろうか？　一人を益し、他の人を害する真実は、これを黙すべきだろうか、言うべきだろうか？　自分の言うべきことは、いちいち公益の唯一の秤《はかり》にかけねばならぬだろうか、それとも、個人個人の正義の秤にかけねばならぬだろうか？　僕は物ごとの一切の関係を十分知らないために、自分の自由に使える知識を、公平無私という規則のみにとらわれて使っていないだろうか？　なおまた、他人に負うていることは検討しても、自分が自分に負うていることを十分検討したろうか？　ただ真実のためにのみ真実に負うていることを検討したろうか？　もし僕が他人を欺いてその人に何らの害を与えないとしても、だからといって、僕が自分自身に害を与えないということになるだろうか？　そして、つねに無罪であるためには、決して不正ではないというだけで十分であろうか。

なんと厄介な問題が山積していることだろう。いっそのこと、こう自分に言ってきかせて、その煩《わずら》わしさから抜けでるほうが楽らしい。《どんな危険を冒してもつねに真実であろう！　正義そのものは、物ごとの真実の中にある。人がなすべきことの、あるいは、信ずべきことの規則からはずれたことをするとき、虚言はつねに不正であり、誤謬はつねに偽瞞《ぎまん》である。そして、真実からどんな結果が生じようとも、なにしろ真実を言ったのだから、その人は罪に帰せらるべきではない。なぜなら、そこに何ら私念を交えなかったのだから》

しかし、この問題は、解決をつけずに、この辺で切りあげることにする。つねに真実を言うことがよいかどうかは問題ではなかった。ただ、人がいつも同じように真実であらねばならないとしても、そして、ここに問題にしてきた定義に基づき、たとえ真実を告げなくとも偽りにはならないとしても、真実がきびしく守らるべき場合と、不正なしに真実を黙し、虚言なしにそれを変装することのできる場合とを区別することが問題なのだった。というのは、こういう場合が実際に存在していることを僕は見いだしたのだから。そこで、問題なのは、かかる場合を知り、それを決定するための確実な尺度を求めることである。

それにしても、この尺度と、それが正確である証拠を、どこから引出してくるか？……である。現にこのような、倫理上の難問題にぶっつかると、いつもながら僕は、理性の光に拠《よ》るよりは、むしろ良心の啓示で解決することにしている。かつて道徳的本能が僕を誤らせたためしは一度たりとなかった。実にこの本能は、これまで僕の心の中にその純粋性を守りとおしてきたので、僕は安心してそれに信頼することができるのである。そして、僕の行為中における情熱の手前、ときにそれは黙することはあっても、僕の追憶の中にあっては、情熱を抑える力を取りもどすのである。この追憶の中においてこそ、僕は自分自身を裁《さば》くのだ。死後、僕が神によって裁かれるだろうときの、おそらくはそれに匹敵するきびしさをもって。

人々の言談を、それが生んだ結果によって批判することは、それを見誤る場合が往々にしてある。そもそもこの結果は、必ずしも敏感なものでも、わかりやすいものでもないうえに、その言談が行われた場合と同様に、際限もなく変化するものである。しかもそれは、その結果を云々《うんぬん》し、鑑定し、その悪意好意の度合を決定する者の意志ひとつである。偽りを言うことは、騙《だま》す意志があって初めて嘘をつくことになる。そして、騙そうとする意志でさえ、害する意志などと結合していなければ、ときには正反対の目的をもつことがある。しかし、害する意志が明白でないというだけでは、虚言が無罪にはならない。それには、自分が話相手を誤謬の中に投げこんでも、その誤謬が、どんなにしても、その話相手を、あるいは誰をも害しえないという確実性が必要なのだ。この確実性を有することは、稀有《けう》で、困難だ。だから、虚言が完全に無罪であるということは、困難で、稀有なことになる。自分自身の利益のために嘘をつくのは、詐欺《さぎ》である。他人の利益のために嘘をつくのは、欺瞞である。害せんがために嘘をつくのは、誹謗《ひぼう》である。これは虚言の極悪の種類だ。自分および他人の得にも損にもならずに、嘘をつくのは、嘘をつくのではない。これは虚言ではなくて、虚構である。

教訓的な目的を有する虚構は、寓話《ぐうわ》だの、お伽噺《とぎばなし》と呼ばれるものである。そして、こうした物語の目的は、感覚的なこころよい形式で、有益な真実をつつむことのみにあるし、またそれが当然でもあるので、かかる場合、作者は、真実の着物にすぎないところの、ことがらの虚言を特に隠そうともしないのである。そして、お伽噺のためにのみお伽噺を語る者は、どうしても、嘘をついているとは言えない。

このほかにもまだ純粋に無為の虚構がある。コントだの小説の大部分がそれで、何ら実際の教訓を含まずに、ただ娯楽のみを目的としている。一切の教訓的の効用を欠いているこの種の虚構は、それを発明する作者の意図によってのみ、評価されうるのである。そして作者が、それを実際あった真実のことだと断言して語っているとしても、読者はそれを真っ赤な嘘などと否認するわけにはいかぬのである。もっとも、この種の虚言をなしたところで、気のとがめた作者はなかったろうし、また、それをしたからといって、やかましく叱責《しっせき》を呈した読者もなかったろう。たとえば、「クニッドの神殿」(三)に何か教訓的な趣意があるとしても、この趣意は、逸楽的な細部や、卑猥《ひわい》なイメージで隠され、台なしにされている。この作者は、廉恥《れんち》のニスでこれを塗りつぶすために何をしたというのか？　すなわち、自分の著作を、ギリシア語の稿本の翻訳だと偽ったのである。そして、その物語の真実を読者に納得させる最適の方法として、この稿本発見の由来記まで作りあげている。もしこれが歴然たる虚言でないとすれば、嘘をつくとは、一体、どんなことなのか言ってもらいたいものだ。そのくせ、この虚言の罪を作者に着せようなどと思った者があるだろうか？　このために、作者を詐欺師扱いにしようとした者があるだろうか？

それはただの冗談というものだ、といってもだめだ。作者が確言しているからとて、別に誰をも説得しようとしたのではない、事実、誰をも説得しなかった、と言ったところでだめだ。また、作者は自分が翻訳したのだと称しても実はそのいわゆるギリシア語の著作の作者自身であることを、公衆は疑わなかった、と言ってみてもだめだ。僕はそれに対して答えるだろう。何らの目的もないかかる冗談はおろかな児戯にすぎない。虚言者は、よし彼が人に思いこませなくとも、確言したからには、やはり嘘をついたことになる。教育ある公衆と、単純で信じやすい大多数の読者を区別する必要がある。いかにも誠実ありげに、謹厳な作者によって記述された稿本の由来記は、かかる読者をば実際に騙したのであって、もしこれが近代のコップで出されたら、少なくとも疑ったろうと思われる毒薬を、古代の形式の杯だから、何の懸念《けねん》もなしに飲んでしまったわけである、とこう僕は答えるだろう。

こうした識別が書物に書いてあろうが、なかろうが、少なくとも、自分自身に対して誠実なる人、良心の咎《とが》めるようなことのできない人の心の中では、書物に劣らず、この識別はなされるのではないかと思われる。なぜかとなれば、自分の利益のために、偽りのことを言うのは、他人の損害のためにそれを言うのと同様、やっぱり嘘《うそ》をつくことになるからである。たとえその虚言がそれほど犯罪的でなくともそうである。持つべからざる人に利益を与えることは、正義の秩序をみだすことである。賞讃《しょうさん》や誹謗《ひぼう》、嫌疑《けんぎ》や弁護が結果として生ずるような行為を偽って、自己、あるいは他人に帰するのは、不正なことを行うことになる。ところが、真実に反して、何らかの点で正義をきずつけるものは、一切これは虚言である。ここに動かすべからざる限界がある。すなわち、よし真実に反するも、いかなる点でも、正義にふれていない一切のことは、虚構でしかないのである。そして、純粋の虚構を虚言として心に咎める人があったら、その人は僕などよりデリケートな良心をもっているのだと、率直に申すよりほかはない。

世間で親切な虚言と呼んでいるあれは、正真正銘の虚言である。なぜならば、他人、あるいは自分の利益のために騙《だま》すことは、自分の不利益を顧みずに騙すのと同様、やはり不正でなくはないからである。真実に反して、人を褒《ほ》めても、貶《けな》しても、相手が実在の人である以上、嘘をつくことになる。もしそれが空想的な存在なら、どんな言いたいことを言っても、嘘をつかずにすめる。もっともその人が、自分の作りあげた事実の道徳性に関して判断しているのでなければ、偽って判断しているのでなければである。というのは、なるほど、この人は事実的には嘘を言っていないかもしれないが、事実の真実より百倍も尊重すべき道徳上の真実に反して、嘘をついているからである。

往々にして世間では、こういう人たちを目して、真実を言う人だとしている。そういう人たちが本当のことを言うというのは、作りごとなどさらにせず、情況を飾ろうともせず、何一つ誇張するでもなく、ただ、場所や時や人物を忠実に引用するばかりのむだ話につきているのである。自分らの利害関係にふれていないものにあっては、その物語において、彼らは侵すべからざる忠実を守っている。しかるに、自分らに関係のある何らかの事件を取扱ったり、自分らの身辺の何らかの事実を物語る段になると、ことごとくの色彩は、自分らに最も有利な光のもとに事物を現わすように使用される。そして、もし虚言が自分らに利益があり、そして彼ら自身はそれを言うのを差控える場合、彼らはその虚言を巧妙に利用して、嘘をついた汚名をきせられることなしに、上手に受入れられるような塩梅《あんばい》にするのである。こうして用意周到であるためには、真実性なんかなくもがなだ。

僕が真と呼ぶところの人は、これとまったく正反対だ。完全にどうでもいい物ごとにおいては、他の人がきわめて重んずる真実でも、その人はあまり頓着《とんじゃく》はしない。そして、そのような人は、生者死者を問わず、誰かの利益になり、あるいは、不利益になるような、いかなる不正の批判も生じない、作りあげた事実で、一座を楽しませることは平気でするだろう。それだのに、正義と真理に反して、利益か損害を、尊敬か軽蔑《けいべつ》を、賞讃か誹謗《ひぼう》を、何人かに与えるようないかなる話題も、その人にとっては虚言であるので、その人の心に、口に、筆に近よることは決してないであろう。この人こそ、確実に真なのである。おのれの利益に反してさえ、真なのである。そのくせ、どうでもいいむだ話において真であろうなどとは更にしないのである。誰をも騙そうなどとはしない点で、自分に都合のいい真実と同じく、自分に不都合な真実にも忠実である点で、自分の利益のためにも他人を害《そこな》うためにも、決して騙さない点で、その人は真である。そこで、僕のいう真なる人と、そうでない人との相違はこうである。すなわち、世間でいう真の人は、自分には何の負担にもならぬような真実にはきわめて厳格に忠実であるが、それ以外のものにはそうでない。ところが僕のいう真の人は、真実のために身を犠牲に供さねばならぬ場合のほかは、それほど真実に忠実には仕えない人である。

しかしこういったら、人はあやしむかもしれない。僕がその人について讃美するあのような熱烈な真実愛と、この弛緩《しかん》とは合致しようがないではないか？　してみると、その愛がそのように多くの混合物を容認している以上、それは偽物《にせもの》ではあるまいか？　と。断じてあらず、その愛は純粋で、真なのだ。ただ、それは正義愛の発散物にすぎないのである。そして、よしんばそれが往々にして架空的であるにせよ、偽物などではありえないのである。正義と真実は、その人の精神の中では二つの同義語《シノニム》になっているので、それらを思いちがいしても一向差支《さしつか》えないのである。その人の心が尊ぶ神聖な真実は、どうでもいい事実や、無用の名前から成り立っているのではなく、良い弾劾《だんがい》か悪い弾劾において、面目か不面目の、賞讃か非難の報酬において、真に自分自身のことで自分のしなければならぬことを、それぞれ忠実に果すことにあるのである。その人は、他人の害になるように偽らない。なぜなら、その人の公平な心がそれを妨げるから。その人は誰人《たれびと》をも不正に害うことを欲しないから。その人は自分の得になるように偽らない。なぜなら、その人の良心がそれを妨げるから。そして、自分のものでないものをわが物にすることなど、その人にはとうていできないであろうから。とりわけ、その人の熱望しているのは自尊ということである。これは、その人には片時《かたとき》なりとこれなしにはすまされない富であり、そして、よし他人の尊敬を得ても、この富を害したら、真の損失をしたと思うことだろう。だからその人は、どうでもいいことがらでは、平気で、また嘘をつくとも思わずに、嘘をつくこともあるであろうが、自他の利益不利益のために嘘をつくことは決してないだろう。歴史上の真実にかかわる一切のこと、人間の品行や、正義や、社交や、有益な知識に関係ある一切のことにおいて、その人は、誤謬《ごびゆう》から、彼自身を、そして、彼自身に関するかぎりの他人をも防ぐであろう。これ以外のいかなる虚言も、その人に言わせれば、虚言ではないのである。もし、「クニッドの神殿」が、有益な書なら、ギリシア語で書かれた稿本の由来記は、実に罪のない虚構にすぎない。もしこの書が危険であれば、その由来記は実に罰すべき虚言なのだ。

虚言と真実に関する僕の良心上の尺度は、以上のとおりである。僕の心は、僕の理性がこれを採用しないうち、機械的にこの尺度に従ったのである。そして、道徳的本能のみが、この尺度の適用をなしたのである。哀れなマリオンがその犠牲になったあの罪悪的な虚言は、僕にうち消すべからざる後悔の念を残したのである。そして、実にこの後悔の念が、この種の虚言のみならず、他人の利害や名声に何らかの意味でふれるようなあらゆる虚言を、その後の生涯を通じて防いでくれたのである。かようにして、排除を普遍的にすることによって、僕は、利益と損害をいちいち秤《はかり》にかけたり、有害な虚言と親切な虚言との適確な限界をつけたりせずにすんできたのである。どちらも有罪とみなして、僕はこれらの虚言を二つともみずから禁じたのである。

このことにおいて、その他のことにおけると同様、僕の気質というものが自分の方針に、むしろ自分の慣習に、非常に影響したのである。なぜなら、僕は尺度によって行動しなかったし、したとしても、何ごとであれ、自分の天性の衝動以外の尺度には従わなかったからである。あらかじめ考えておいた虚言が、僕の考えに浮ぶというようなことは決してなかった。自分の利害のために嘘をついたことも、決してなかった。そのくせ僕は、どうでもいいようなこと、あるいは、せいぜい僕一個にしか関係のないことで、窮状を脱するために、恥ずかしさから嘘をついたことは幾度もあった。それも、談話をつづける必要上、僕に考えが活潑《かっぱつ》でなかったり、僕のする会話が味気なかったりするため、いきおい何か言うためには作りごとにすがるよりほかなかったような場合であった。

必要上、口をきかねばならないとき、そして、何かおもしろい本当のことがとっさに心に浮んでこないとき、僕はおし黙っていまいとしてお伽噺《とぎばなし》をいう。しかし、この種のお伽噺を作りだすに際して、それが虚言でないよう、すなわち、正義をも、当然守るべき真実をも傷つけないよう、すべての人々にも、そして僕にも、無関係の作りごとでしかないよう、僕はできるかぎり注意するのである。そのような場合の僕の念願は、少なくとも事実上の真実のかわりに、精神上の真実をもってするにある。つまり、人間の心にある自然の愛情をそれに表わすことであり、つねにそれから何か教育になるものを引出すこと、一言にいえば、それから教訓的のコント、寓話《ぐうわ》の類《たぐい》をつくることである。それにしても、むだ話を教育のために有利に使うようにするには、僕などよりはもっと頓知《とんち》があり、言葉がもっとなめらかに出る必要がある。会話の進行は僕の考えの進行よりも迅速《じんそく》だものだから、いきおい、いつも考える前に話すことになって、うっかり、ばかなことや、へまなことを言ってしまう。もとより、それらが口から飛びでるにしたがって、僕の理性は不可とし、僕の心は否認するものの、僕自身の判断の先を越しているので、いまさら、判断の検閲によって矯正《きょうせい》されるわけにはいかぬのである。

この最初の、抵抗すべからざる気質の衝動のため、とっさの間に、羞恥《しゅうち》と内気が、しばしば、いやおうなしに嘘をつかせるのである。もとより、僕の意志はその虚言に与《あずか》ってはいないが、ただ、即座に返答する必要上、虚言のほうが意志に先行するからしかたない。哀れなマリオンの思い出からくる深刻な印象は、なるほど、他人に有害であるような虚言は、これを制止してくれたが、僕一人に関する場合、僕が窮状から脱するに役だちうるような虚言は、そうはいかなかったのである。これは、他人の運命に影響する虚言と同様、僕の良心と僕のプリンシプルに背《そむ》いていなくはないのである。

もしも、僕を大目に見てくれる虚言があって、それをすぐあとで引っこませることができるものなら、そして、みずから取消すことによってふたたび恥をかくようなこともなく、自分に課せられている真実を言うことができるものなら、僕は心からそれをしたろうと、神を証人にして言うことができる。ところが、こうして自分で自分の過《あやま》ちを見つける恥ずかしさが、またしても僕にそれをさせないのである。そして、僕は自分の過ちを心底から悔いはするが、そのくせ、それを改めることができずにしまう。それには、一例をあげれば、僕の言わんとしているところが一層判然とするだろうと思う。そして、その例は、僕が利益や自惚《うぬぼ》れから嘘をつくのではなく、いわんや、羨望《せんぼう》や邪念からでもないことを証明するだろうと思う。その虚言が相手にちゃんとわかっていることや、それが僕になんの役にもたたないことを、僕は十分承知しているときでさえ、ただ、ばつが悪かったり、例の意地悪の羞恥心のために嘘をつくのだということを、この例は証明してくれるだろうと思う。

さきごろ、これは僕の習慣に反したことではあるが、F氏に招かれて、妻と同伴で、同氏、およびB氏と一緒に、ピクニック風の食事をしに行ったことがある。料理屋のYお内儀《かみ》さんの家であるが、この女と、その二人の娘も僕たちと一緒に食事をした。食事の中ごろになって、最近結婚したばかりの、妊娠している姉娘が、（四）僕は子供をもったことがあるかどうかと、こう藪《やぶ》から棒に、僕をじっと見つめながら質問したのである。僕はその幸福をもたなかったと、耳まで赤くなって、答えた。彼女は一座を見わたしながら、意地悪そうにほほえんだ。万事は曖昧《あいまい》どころではなく、僕にさえよくわかった。

　これに対する返答は、たとえ僕が騙そうとする意志をもったときでさえ、僕のしたかった返答でないことは、第一に明白である。なぜなら、まず見たところ、会食者たちの様子からして、僕のこの返答が、この点に関する彼らの考えを少しも変えないことは、僕にははっきりわかっていたからである。人々はこの否定の返答を待ち受けていたのだ。僕に嘘をつかせておもしろがろうとして、この返答をそそのかしたとさえ言える。それを感じないほど、僕もぼんやりではなかった。十分後になって、僕のなすべきだった返答が、ひとりでに浮んできた。「独身のまま年老いた男に向って、若いご婦人がそのような質問をなさるとは、ちと慎みが足りなくありませぬか」。こんなふうに話せば、嘘もいわず、告白などして赤面することもなく、僕は多数の賛成者を得ることになる。そうすれば、多少なりと彼女の教訓にもなろうし、自然、このような質問を発する彼女の無作法も、多少はなくなるだろうと思われる。ところが、僕はそんなことをてんでしなかったのだ。僕は言わねばならぬことを言わなかったのだ。言ってはならなくて、しかも、僕には何のためにもならないことを言ったのだ。これによって明らかのように、僕の判断も、僕の意志も、僕の返答を強《し》いたわけではなく、それは僕の困惑の機械的な結果だったのである。以前、僕はこのような困惑を覚えたことはなかった。そして、恥ずかしさより、率直さをもって、自分の過ちを告白したものだ。それというのも、その過ちを贖《あがな》うところの、そして、僕が自分のうちに感じているところのものを、必ず人々は見てくれるだろうと思っていたからである。それだのに、邪悪の目が僕を痛めつけ、せっかくの張合いを抜けさせる。僕は不幸になるにしたがって、いよいよ臆病《おくびよう》になってしまった。そして僕は、臆病からしか嘘をついたことはなかった。

僕は自分が生れながらにいだいている虚言に対する嫌悪《けんお》を、「告白録」を書いているときくらい激しく感じたことはなかった。それというのも、少しでも僕の性癖が僕をこのほうに向けたとすれば、「告白録」のような性質の書物では、虚言の誘惑は頻繁《ひんぱん》であったろうし、また強くもあったろうからである。それだのに、僕は口をつぐんだり、必要なことを隠したりするどころではなかった。それのみか、自分にもちょっと説明がつきかねるが、おそらく模倣《もほう》をきらう点に起因していると思われる一種の頓知によって、僕は自分が嘘《うそ》をつくようなことになったのを感じたのである。つまり、自分をあまりにきびしく責め、自分をあまりに寛大に弁解するという逆の意味において嘘をつくことになったのである。そして、僕が自分で自分を裁《さば》いたよりも寛大に裁かれる日がいつかは来るであろうと、僕の良心は僕に保証している。そうなのだ、僕は魂の高潔な尊厳をもって、それを言い、かつ、それを感ずる。僕はあの書の中に誠実と真実と率直を導入したのである。その点、僕は人後におちるものでないと、少なくとも信じている。善は悪を凌駕《りょうが》するものであることを感じて、僕は全部を言うことに意を用いた。そして、全部を言ったのである。

僕はあれで言いたりないとは思わない。ときによれば、事実においてではなく、情況においては、言いすぎたようなこともあった。そして、この種の虚言は、意志による行為というよりは、むしろ、イマジネーションの熱狂の結果にほかならなかったのだ。それをしもなお虚言というのはまちがっているかもしれぬ。なぜなら、かかる書き過ぎの一つたりと、虚言ではなかったからである、僕が「告白録」を書いたのは、相当年をとってからのことである。これまで味わった人生のはかない快楽に厭気《いやけ》がさし、それがいかに空虚であるかを僕の心が感ずるようになった年ごろだったのである。僕はそれを記憶によって書いたわけだが、この記憶が僕に欠けていたこともあれば、また、不完全な思い出しか提供してくれないこともあった。そこで、僕はこれらの思い出の補いとして、しかしその思い出に反することは絶対にないところの、僕の想像する細部でその空《くう》隙《げき》を満たしたのである。僕は自分の生涯における幸福の折々を細々と語ることが好きだった。そして、昔をなつかしむ気持から、つい飾りたてて、美化してしまうのであった。僕は自分の忘れたことがらを、それがこうあらねばならぬと思われたままに、おそらくは、実際あったかのように言ったかもしれないが、しかし、僕はそれらが思い出されたとおりに言ったのである。その反対を言ったことは絶えてなかった。僕は真実に異常な魅力を貸すことはときによってあったが、おのれの悪徳を弁解したり、あるいは、美徳を僭有《せんゆう》するために、真実のかわりに、虚言を用いたことはいまだかつてなかったのである。

ときとして、何の気もなしに、無意識の行動で、うわべを飾って、みにくい面を隠したことはあったとしても、しかしこの言い落しは、ほかのもっと奇妙な言い落し——つまり、悪よりも遥《はる》かに注意深く僕に善をしばしば黙させたあの言い落しによって償われているはずである。これは僕の性質の特異性で、それを人が信じてくれないのも実にしかたのないことかもしれないが、信ぜられないからといっても、それが本当であることには変りない。僕は自分の悪いことは、その醜悪の全貌《ぜんぼう》を語ることはしばしばあっても、善いところは、その愛すべき点などを披露《ひろう》におよんだことはめったになかった。しかもしばしば、僕はその善いところを全然黙したのだった。なぜなら、それはあまりに僕の名誉になるから。そして「告白録」を書くことによって、自分の自画自讃《じがじさん》をすることになりそうだったから。僕は自分の青春時代のことを書くにあたっても、僕の心に具《そな》わっている美点を誇るでもなく、また、その美点をあまりに目だたせるような事実は、これを削除さえしたのである。それにつけても、僕のごく幼いころの、そのような二つの事実が思い出される。二つとも、「告白録」を書きながら記憶にはっきり浮んできたものの、今言ったような理由一つで、双方とも書くのはよしたのである。

そのころ、僕はほとんど日曜日ごとに、パキのファジー氏の家へ遊びに行ったものだ。これは僕の叔母の一人と結婚した人で、自分のところに更紗《さらさ》工場をもっていた。ある日、僕は光沢機の置いてある部屋の物干場にいて、鋳鉄のロールを眺《なが》めていた。ぴかぴか光っているのが、僕の目をよろこばしたのである。僕は我慢しきれなくなって、指をその上に置いてみた。そして、なめらかなシリンダーの上で指を滑《すべ》らせるのをおもしろがっていたところが、車輪の中に入っていたファジー少年が、その車輪を八分の一回転させせた。もっとも、それが非常に上手だったものだから、僕のいちばん長い指二本の先端しか引っかからなかったが、それでも、先の方を圧《お》しつぶされ、爪《つめ》は二つともそこに付着しているのだった。僕が鋭い叫び声をあげたので、ファジーはすぐに車輪をもとにもどしたが、爪はやっぱりシリンダーの方に残ってしまった。そして、血が指から流れ出た。ファジーはびっくりして、声をあげ、車輪から出てきて、僕を抱きかかえた。そして、もし知れるとひどい目にあうからと言って、どうか泣きやむようにと僕に哀願するのである。僕は苦痛の真っ最中であったが、彼の苦衷は僕を感動させたのだった。僕は泣きやんだ。僕たちは鯉《こい》の池に行くと、彼は手伝って僕の指を洗ってくれ、また、苔《こけ》で血止めしてくれた。彼は誰にも言いつけないようにと、涙ながらに嘆願するのだった。僕はそれを彼に約束した。そして、立派にそれを守ったのである。それから二十年以上もあとになっても、どんなことから僕の二本の指に創痕《きずあと》がついたのか、誰一人として知らないくらいだった。なぜなら、今もってその指には創痕が残っているからである。僕は三週間以上も寝床にいたきりだったし、二カ月以上も手を使うことができなかったが、大きな石が落ちて、指をつぶしたのだと、いつも言っていた。

Magnanima menzògna! or quando è il vero
Si bello che si possa à te preporre?
義侠《ぎきょう》的なる虚言よ！　いかに真理の美しからんとも、
汝《なんじ》より優《まさ》りたるものあらんや。

それにしても、この出来事は場合が場合だけに僕には非常にこたえたのだった。というのは、当時は一般人にも軍隊の訓練を実施していた演習の時代だったからである。現に僕は自分と同じ年齢の三人の少年と組をつくっていたのである。そして、町内の中隊に加わって軍服姿で演習をするはずになっていたのである。中隊は僕の窓下を喇叭《らっぱ》を吹きながら通っていったが、僕はこうして寝床にいるのに、あの中には三人の仲間もいるのだと思うと、悲しくてならなかったものだ。

もう一つの話というのは、これとまったく同じような話だが、もっと年齢《とし》をとってからのことである。

それは僕がプラン・パレエでペルメル遊戯をしていたときのことだが、相手は僕の遊び友達の一人でプランスという呼び名の青年だった。僕たちは勝負のうえから喧嘩《けんか》になり、なぐりあいが始まった。その最中に、相手は遊戯棒で僕の脳天に一撃を加えたが、まるで名人がピストルで僕の頭を撃ち抜いたと思われるほどに適中したのである。僕はその場に倒れた。僕の頭髪の中を血が流れるのを見て、この哀れな青年が示した激動——僕はあんなのを生涯見たことがなかった。彼は僕を殺したと思ったのである。僕に飛びついてくると、抱きかかえ、抱きしめて、涙にぬれながら、泣き叫ぶ。僕も一緒になって泣きながら、力のかぎり、彼を抱きかかえるのだったが、一種言うに言えぬ興奮からで、それがまたなにかしら甘味でもあるのだった。ようやっと彼は、相変らず流れている血を止めにかかったのである。そして、僕たち二枚のハンケチでは足りないと見てとるや、ちょうど、その付近に小さな菜園をもっていた彼の母親のところへ連れていったのである。この善良な婦人は僕の様子を見て気絶しそうになったが、気をとり直して、手当をしてくれたのである。まず傷口をよく洗ったうえで、ブランデーに漬けた百合《ゆり》の花を傷口にあてがったのである。これは非常にいい血止め薬で、僕の生国ではすこぶる用いられている。彼女の涙はその息子の涙とともに、僕の心の中に深く滲《し》み入ったので、長い間、彼女をば自分の母親のように思い、その息子をば兄弟のように思っていたが、ようやく、どちらにも会われなくなるにしたがって、だんだん忘れていったほどだった。

この出来事も、前のと同様に、僕は秘密を守ってきたのである。このほかにもこれと同じ性質の出来事は、僕の生涯中にはずいぶんあったのに、僕はそれを「告白録」の中で語ろうなど思ったことさえなかった。これをもってしてもわかるように、僕は自分の性質の中にあると思われる善を見せびらかそうなどと、「告白録」でしているわけではないのだ。いや、なるほど、僕は真実と知りつつそれに反して語ったことがあったかもしれない。しかし、それはどうでもいいことがらの場合だけであった。そして、それはむしろ、自分に対する利益の動機や、他人の利害の動機からではなくて、ただ語りにくかったからであり、あるいは、書くのがおもしろかったからであった。そして、僕の「告白録」を公平に読んでくれる人なら――万一、そういうことがあるとして――きっと感ずることだろうと思うが、僕があの中でしているのは、実に不面目の、実にやりにくい告白なのだ。もっと大きな悪事でも案外言うのが恥ずかしくない悪事があるものだが――僕はそんな悪事はしなかったから言わなかったまでだが――そのような悪事の告白にくらべて、遥《はる》かに言いづらい告白だったのである。

以上のような考察からして、僕が平素抱持している真実性への信念は、物ごとの現実性の上よりは、公明正大の感情の上に基礎をおいていることになる。そして、実行にあたっては、真や偽の抽象的概念よりは、自分の良心の道徳的指図《さしず》に従ったことになるのである。僕はしばしばお伽噺《とぎばなし》をつくったが、めったに嘘をついたことはなかった。このようなプリンシプルに従うことによって、僕はほかの人たちに非難されやすい多くの手がかりを与えたのだったが、しかも、僕は誰であろうが損害などかけなかった。そして、自分に相当以上の利益を僭取《せんしゅ》しようなどとはしなかった。そうあってこそ、初めて真実が美徳であると、僕には思えるのである。それ以外においては、真実は、善も悪も生じないところの、単なる形而上《けいじじょう》の存在にすぎないのだ。

だからといって、僕は自分を完全無欠だと信ずるほど、僕の心がこのような区別に甘んじているとは思っていない。僕は自分が他人に負うていることを、あのように細心に計りながら、はたして、自分で自分に負うていることを十分検討したろうか？　もし他人に対して正でなければならぬとすれば、自分に対して真でなければならない。それは正直な人なら自分自身の権威に表すべき一つの敬意なのである。自分の会話の貧弱なため、僕がしかたなしに罪のない作りごとでそれを補ったとすれば、僕は悪《いや》いことをしたことになるのだった。なぜなら、他人を楽しませるために、自分自身を卑しくしてはならないからである。そして、僕が物を書くことの楽しさにひきずられて、実際あったことがらに、作り物の装飾を加えたとすれば、僕はなお一層悪いことをしたことになるのだった。なぜなら、真実をお伽噺で飾ることは、事実、真実をゆがめることになるからである。

しかし、それ以上に僕をして言訳たたなくさせたのは、実に僕の選んだ座右銘だったのである。この座右銘のために、僕は他のいかなる人たちよりも、真実をもっと窮屈なものとして表明せざるをえなかったのである。そのため、どこへ行っても、僕は真実のために自分の利益や嗜好《しこう》を犠牲にするだけでは足りなくて、自分の弱さをも、自分の内気な性質をも犠牲にしなければならなかったのである。真であるためには、いかなる場合にあっても、つねに、勇気と力をもたねばならない。別して、真実に供せられている口やペンから、かりそめにも作りごとやお伽噺が出てはならない。こう僕は、あの雄々しい座右銘を取りあげるに際して、自分に言って聞かすべきだったろうに。そして、その座右銘をかざしているかぎりは、それをたえず繰返し自分に言うべきだったろうに。虚偽が僕の虚言を強《し》いたことはかつてなかった。僕の虚言はいずれも弱さからきているのである。だからといって、それは僕の弁解になりかねる。弱い魂でも、悪徳を防ぐくらいはできるのである。しかし、偉大な徳を奉じようというには、実に大胆不敵である必要がある。

以上のような反省をしたしだいだが、これとて、もしロワユー師から暗示を受けなかったら、僕の心に浮んでくることは決してなかったろうと思われる。もちろん、これらの反省を利用するには、もう遅いであろう。しかし、自分の誤謬《ごびゅう》を矯《た》め直し、自分の意志を紀律の中にもどすためには、少なくとも、遅すぎるということはないだろう。なぜなら、今後のことは、一切が自分にかかることばかりだからだ。だから、このようなこと、および、これに似たあらゆることにおいて、ソロンの格言は老若を問わず万人に通用するのである。しかして、賢明であること、謙虚であること、自惚《うぬぼ》れを少なくすることを学ぶに、よし敵から学ぶにしたところで、遅きに過ぎるということはあるまい。

訳注一　Vitam impendere vero――「真理のために命を捧《ささ》げる」はラテン詩人ジュヴェナーリスの言葉で、ルソーが座右銘としていたもの。

訳注二　ルソーがリボンを盗んだ罪を、とっさに嘘《うそ》をついて、少女マリオンにきせたことは『告白録』に語られている。

訳注三　小アジアカリー岬のヴィーナスを祀《まつ》っている有名な神殿。モンテスキューが、ギリシア語から翻訳したと称してその戯作《げさく》の題名にかりきたったもの。

訳注四　ルソーは自分の子供らを孤児院に入れたことで、世人の非難を受けていた。

第五の散歩

僕のこれまで住んだあらゆる土地のなかで（そして僕も快適な地に住んだことはあったが）ビエンヌ湖中のサン・ピエール島くらい、僕を真に幸福にし、そしていつまでもそこをなつかしむ情を残した土地はないだろう。ヌーシャテルでは、土地の人から土くれ島《ラ・モート》と呼ばれているこの小島は、スイスでさえあまり知られていない。寡聞《かぶん》ながら、僕はこの島のことを語っている旅行者を一人も知らない。それにもかかわらず、この小島は実に住み心地がよく、また、蟄居《ちっきょ》を好む人の幸福には、不思議とお誂《あつら》えむきにできているのである。なぜなら、僕は運命に命ぜられて蟄居するにいたった、この世でのただ一人かもしれないが、このように自然な趣味を解している者が僕一人であるとは考えられないからである。もっとも、今までのところ、この趣味を解している人に出会ったことはついぞなかったのだが。

ビエンヌ湖の岸辺は、ジュネーヴ湖のそれに比して、はるかに野趣があって、ロマンチックである。それというのも、岩石や樹木が水際《みずぎわ》ちかくまで迫ってきているからだ。それでいて、湖畔の風景の明媚《めいび》な点で、ジュネーヴ湖畔に劣るとも思われない。なるほど、田圃《たんぼ》や葡萄《ぶどう》畑は少ないかもしれない。町や家も少ないかもしれない。しかし、自然の青いものは一層多い。草原も多く、木立《こだち》にかこまれた幽邃《ゆうすい》なのがれ場も多い。風光の変化に一層富み、土地の起伏も一層相接している。この景勝の湖岸には、車馬の通れるような広い道路がないので、この地方を旅行者が訪れるようなことは、めったにないといっていい。それだけに、自然の美しさに心ゆくまで酔いたい人。沈黙を破るものとては、鷲《わし》の叫び声、とぎれとぎれの小鳥の声、山から落ちる滝の音ばかり、このような深い静寂の中に心をひそめたい人。そういう孤独な黙想者にとっては絶好の土地なのである。ほとんど円形をなしているこの美しい湖水は、その中央に、二つの小さな島を浮べている。一つは、周囲約半道の、人の住んでいる、耕作された島である。他の島はもっと小さく、人も住んでいず、まったく荒蕪《こうぶ》に帰している。波濤《はとう》や嵐《あらし》が大きいほうの島に与える被害を繕うため、人々はこの小さいほうの島からたえず土を持ち運んでゆくので、最後は破壊しつくされるが落ちだろう。こうして、弱者の実は、いつも強者のために利用されるのだ。

島には一軒の家しかない。しかし、広くて、住心地のいい、便利にできた家で、島そのものと同様、ベルヌ病院の所有になっている。収税吏が、家族と僕婢《ぼくひ》たちと一緒に住んでいる。彼はそこに数多《あまた》の養鶏場や養魚池をもっていた。禽舎《きんしゃ》も一つあった。島は狭いながら、地質と地形の変化に富んでいるので、あらゆる種類の風景を呈し、あらゆる種類の耕作に適している。田圃があり、葡萄畑があり、森があり、果樹園がある。また、肥沃《ひよく》な牧場には、鬱蒼《うっそう》たる木立が日影をつくり、種々の灌木《かんぼく》がめぐらしているので、水辺はいつもながらに涼しい。両側に樹木の植わった広い台地が、長々と島に沿ってのびている。そして、この台地の中央には、奇麗な社交室が設けられてある。向う岸に住む人たちが、葡萄収穫期の日曜日には、ここに集まってきて、ダンスをすることになっている。

石を投げつけられて、モティエから追い出され、僕が逃げこんだのが、この島だったのである。僕はこの地に滞在することを非常に楽しく思ったし、また、自分の気分にしっくり合った生活を送っていたので、ここを終焉《しゅうえん》の地に決めたものの、ただ、それにはたった一つの気がかりがあった。というのは、僕をイギリスに誘いこもうという計画とは合致しない計画、僕が早くもその最初の効能を感じはじめたその計画を、はたして人々が僕に許し、実行させておくかどうかということだ。僕を不安にしたこのような予感の中にあっても、せめて人々が、この逃げ場を、僕の永久の牢獄《ろうごく》にしてくれるよう、一生、人々が僕をここに閉じこめるよう、僕からあらゆる権利を奪い、ここから出る希望をも絶って、人々が僕に大陸とのあらゆる種類の交通を禁じてくれるよう、そうすることによって、世界のことごとくの事情を知らなくなった僕が、世界の存在を忘れてしまうよう、人々もまた、僕自身の存在を忘れてしまうよう、僕はひたすらにそれのみを念じたほどだった。

人々は僕にこの島で二カ月しか過させなかったのである。それだのに僕は、おそらく一瞬間も退屈することなしに、二年でも、二世紀でも、永久でも過したことだろうと思う。しかも、仲間といえば、収税吏と、その細君と、僕婢のみだった。みんな実にいい人たちで、それ以上の人たちではなかったが、僕にはそれでちょうどよかった。僕はこの二カ月を、自分の一生で最も幸福な時期であると思っている。あれより別の状態になりたいなどの欲求が、一瞬間なりと自分の魂に生れることとてなく、僕は自分の全生涯中にただあの二カ月があるだけで十分だと思ったほど、そんなに幸福だったのである。

それなら、あの幸福は何であったのだろうか？　あの幸福の楽しさは何にあったのだろうか？　僕はかの地で送った生活を描くことによって、現代のあらゆる人々にそれを推察してもらいたいと思う。この貴重な far niente——つまり、無為は、僕がそれの中にあることごとくの甘美を味わいつくさんと欲した、あの享楽《きょうらく》の最初のものであり、主要のものだったのである。そして、また実際、僕が滞在中になしたことといえば、閑日月を楽しむ一人の男にとって、必要な、そして、こころよい仕事以外の何物でもなかったのである。

僕が自分から飛びこんできたあの人里離れた住まい、人の助けをかりずには、また人から見られることなしには、そこから出ることのできない、周囲の人たちの協力なしには交通、通信もできないあの住まい——そこに僕を放っておいてくれるのが、僕の何よりの希望だったが、それをしも僕は希望というのだが、その希望は、僕がこれまで過してきた日々よりも平穏に、この地で余生を終えようという希望を、僕に与えたのだった。そして、ここなら閑暇にまかせて身のまわりを整理する余裕もあろうなどという考えのため、かえって最初から、僕は整理など、何一つしない結果になるのだった。急に思いたって、ただひとり、まったくの手ぶらで移りきたこととて、あとから順々に、家政婦（二）を呼び寄せたり、書物や什器《じゅうき》を取寄せたりしたわけだが、さりとて、それらを何一つ荷解きなどしないのが、僕には楽しかった。箱も行李《こうり》も着いたままにほっぽらかしで、おのれの終焉の地と決めているその住まいにありながら、明日には出発するはずの宿屋にでもいるような気持だった。あらゆる物はあるがままにあって、それが実に具合よくいっているので、それをよりよく並べようなどしたら、そのどこかが害《そこな》われるほどだった。僕の最も大きな愉快の一つは、とりわけ、書物などは、相変らず箱に入れっぱなしで、物を書く道具も手もとにないということだった。運わるく手紙でもきて、返事を書くためしかたなく筆を持たねばならないときは、ぶつぶつ言いながら、収税吏の硯箱《すずりばこ》を借りるのだった。そして、こんなもの二度と借りる必要のないようにと、空頼みしながら、そう念じつつ大急ぎで返してしまうのだった。あの憂鬱《ゆううつ》な反古《ほご》や、あのボロ本のかわりに、僕は自分の部屋を花や草でいっぱいにした。というのは、当時は僕の初回の植物学熱中時代だったからで、これはもともとディヴェルノワ先生に仕込まれた趣味だったのが、しまいには趣味が高《こう》じて熱になったのである。僕はもう骨の折れる仕事などこりごりで、自分の好きな道楽仕事が何よりだった。もとより多少の苦労はあっても、怠《なま》け者が辞しない程度の苦労しかないような仕事にかぎるのだ。僕は「サン・ピエール島の植物誌」を作る計画をたてて、島の植物は一本も余さずことごとく書きこむことにしたが、それには余生を費やすに十分なほど詳細をきわめる必要があった。あるドイツ人はシトロンの内皮だけについて一冊の書物を作ったそうだが、僕も牧場のそれぞれの芝草について、森のそれぞれの苔《こけ》について、岩を蔽《おお》うそれぞれの地衣について、一冊ずつの書物を作ることもできるだろうと思う。はては、草の硬毛一本でも、植物のアトム一つでも、詳細に記述せずにはいられなかったのである。このすばらしい計画の結果として、毎朝、朝食は皆な集まって一緒にしたが、それがすむと、僕は虫眼鏡片手に、愛読の「植物学分類法」を腕にはさんで、目ざす地区に向って出かけるのだ。というのは、あらかじめ僕は島をいくつかの小さな正方形に区切っておいて、季節ごとに、順々にそれらを跋渉《ばっしょう》しようという考えだったからだ。僕は植物の構造や組織を観察したり、またその方法を知ったのもそのときが全然初めてだったのだが、結実のための雄蕊《おしべ》雌蕊《めしべ》の遊戯を観察したりするごとに、僕の覚える恍惚《こうこつ》、陶酔くらい、不思議なものはなかったろう。それまで僕には念頭にさえなかった、植物における通有性の識別は、それらを同じ種類のものについて調べているうちに、僕を有頂天にさせたのだが、いよいよ珍奇な通有性が現われくるにおよんで、僕の驚嘆は一方《ひとかた》でなかったのである。うつぼ草の二本の長い雄蕊に叉《また》のあること、蕁麻《いらくさ》やひかげみずの雄蕊には弾力のあること、鳳仙花《ほうせんか》の実や、黄楊《つげ》の蒴《さく》は破裂すること、その他、初めて僕の観察した、結実に関する無数の小さな遊戯は、僕をすっかり悦《よろこ》ばせるのだった。そして、ラ・フォンテーヌがアバキュークを読んだかと会う人ごとにたずねたように、僕は諸々方々へ行っては、うつぼ草の角を見たことがあるかとたずねたものだ。二、三時間もすれば、どっさり収穫を得て帰途につく。これがまた、雨の日など、宿に引っこもって、昼食後の何よりの楽しみぐさというわけだ。午前のその他の時間は、収税吏と、その細君と、テレーズと連れだって、彼らの小作人を訪れたり、また収穫物を見てまわったりしたが、彼らと一緒になって仕事にかかるようなこともよくあった。そして、僕が大木の頂上で、腰につけた袋に果物をつめては、それを綱で地面におろすところなどを、僕に会いにきたベルヌ人に見られたことも再三ではなかった。こうして午前中行なった運動のため、またそれからくる気分の爽快《そうかい》も手伝って、昼休みがじつに楽しかった。もっとも、それがあまり長引きでもすると、それに天気でもよかろうものなら、もう僕はじっとしていられなかった。みんなはまだ食卓にいるのに、僕だけ抜けだして、ボートに一人で飛び乗ると、水の静かなときなど、湖心まで漕《こ》いでゆくのだった。そして、ボートの中に大の字に寝そべると、目を大空に向けたまま、波のまにまに、ゆっくりと流されてゆく。そして、ときによれば、とりとめのない、だが、こころよいもろもろの夢想にふけるのだった。それは別にはっきりした、さだかな目的のある夢想ではなかったが、人生の快楽と呼ばれているものの中で、僕が最も甘美だと思ったどんなことよりも、僕にとっては、百層倍も好もしいものだったといえる。そんな折は、西に傾いた太陽に帰るべき時間を告げられるようなこともよくあった。あまりに島から遠くに来ていたため、夜になる前に着くには、全力で漕がねばならなかったりした。またあるときは、湖心まで遠出するかわりに、島の緑なす岸辺に沿って漕ぐのを楽しむのだったが、その透きとおった水や、さわやかな木陰に誘われて、水浴することなどもままあった。しかし、こうした舟行のうち、最も頻繁《ひんぱん》に行なったた一つは、大島から小島に行くことだった。その島に上陸して、午後を過す。猫柳や、黐木《もちのき》や、青蓼《あおたで》や、その他あらゆる種類の灌木《かんぼく》の間を、僕はきわめて限られた散歩をする。そうかと思うと、砂山の頂上に登ったりする。そこには、芝生や百里草が一面に生えていた。それから、昔、誰かが播《ま》いたとしか思えない、いわおうぎや、クローバーの花さえ咲いていた。またここは、兎《うさぎ》を養うのに最適の地のように思えた。ここなら、兎は何物をも恐れず、また何物をも害することなく、平和に繁殖することができそうに思えた。僕がこの考えを収税吏に伝えたところが、彼はさっそくヌーシャテルから牡牝《おすめす》の兎を取寄せたので、それを小島にいつかせるため、僕たちは大挙して出かけていったものである。すなわち、収税吏のほかに、細君、細君の姉妹の一人、テレーズ、それに僕の大人数だった。僕がこの島を去る前、大分彼らも繁殖しかけていたこととて、その後の冬の寒ささえ持ちこたえたとすれば、おそらく今ごろは相当大量になっていることだろうと思う。この小植民地の建設はお祭り騒ぎだった。アルゴノートの水先案内だって、僕ほど得意ではなかったろう。なにしろ、僕は同志および兎を引連れて、大島から小島へ意気揚々と渡ったのだから。それにまだ特筆大書すべきことがある。収税吏の夫人という のは、水を極度にこわがる人で、いつも船酔いをしたものだったが、僕の漕ぎぶりを信頼して乗船し、そして、航海中、こわそうな様子など気振りにも見せなかったことだ。

湖水が荒れて、舟が出せないときなど、午後は植物採集で過した。右に左に植物を摘みながら島をかけずりまわる。島じゅうでもいちばん景色がよくて、いちばん寂しい隠れ場所に坐《すわ》って、心ゆくまま夢想にふけることもある。そうかと思うと、台地や丘陵に登って、湖水や湖畔の絶景をほしいままにする。湖岸の一方は、間近にせまった山々でかこまれ、他の一方は、見渡すかぎり、肥沃《ひよく》な平野がひろがり、その果てに、遠く山々が、青く霞《かす》んで見える。

たそがれが近づくと、島の峰をくだって、湖水のほとりに行き、砂浜の人目につかない場所に坐る。そこにそうしていると、波の音と、水の激動が、僕の感覚を定着させ、僕の魂から他の一切の激動を駆逐して、魂をあるこころよい夢想の中にひたしてしまう。そして、そのまま、夜の来たのも知らずにいることがよくある。この水の満干、水の持続した、だが間をおいて膨脹《ぼうちょう》する音が、僕の目と耳を撓《たゆ》まず打っては、僕の裡《うち》にあって、夢想が消してゆく内的活動の埋め合せをしてくれる。そして、僕が存在していることを、心地よく感じさせてくれるので、わざわざ考えなくてもいい。水の面を見ると、それから連想して、うつし世の無情を思う念が、ふと、かすかに浮んでくることもある。しかし、その淡い印象とて、僕をゆすぶっている波の絶えまない運動の均等性の中に消えてしまう。そして、その運動は、僕の魂の何ら能動的な協力もないのに、僕をかたく結びつけておかずにはいなかったので、時間や、決った合図で呼ばれても、努力なしではそこを離れることはできないくらいだった。

夕食のあと、夜が美しければ、僕たちは、また、みんなでうちつれて出かける。そして、台地をいく巡りもぶらぶら歩いては、湖水の風や、清涼の夜気にふれるのだった。くたびれれば亭《ちん》で休んで、談笑を交える。近ごろの小細工を弄《ろう》した歌くらいの値打ちはある古い唄《うた》を歌ったりする。それから、やっと、みんな寝にゆく。めいめいの一日に満足しながら、そして、明日も今日と同じでさえあればいいと念じながら。

この島に滞在中、僕の時間のつぶし方は、不意のうるさい訪問を別にすれば、ざっとこんなふうだったのである。今でも誰かが、あの島の何か魅力的なことでも話してくれたらいいと思う。そしたら僕の心に、激しく、優しい、いつに変らぬ愛惜の情が浮んできて、あれから十五年たった今もって、思慕の念にかられて、身はかの地にある思いがすることなしには、あのなつかしい住まいを想《おも》うことはできないだろう。

僕は長い一生の有為《うい》転変の中にあって気づいたのだが、最も甘美な享楽と、最も強烈な快楽の時代というものは、その追憶が僕を最も惹《ひ》きつけ、感動させる、そういった時代では案外ないものである。あの夢中と熱狂の短い時期は、それがどんなに激しかろうとも、また、その激しさそのもののために、実は、人生という線の中のまばらな点々にすぎないのである。それらの時期が、一つの状態を構成するには、あまりに稀有《けう》であり、あまりに早く過ぎ去る。そして、僕の心が思慕する幸福というのは、消えやすい瞬間でできているのではなくして、単純で、永続的の状態なのである。それ自身においては、激しい何物も有していないが、その持続が魅力を増加していって、ついには、そこに最高の幸福が見いだされるにいたる、そういう状態なのである。

あらゆる物は、地上において不断の推移を受けている。何一つとして不変の定まった形態を保っているものはない。そして、外面的の事象に結びついているわれわれの感情は、必然的に、その事象と同じように、移ろい変るのである。われわれの感情は、つねに前を望み、あるいは後ろを振返って、すでにない過去を想起したり、たいていはありえない未来を予想したりするのである。つまり、そこには、心がすがりつきうるような固形のものは何一つないわけである。だから、人々はこの世で移ろい変る快楽しかもっていないのである。永続する幸福というものがあろうなどとは、僕にはどうしても思えない。われわれの最も激しい享楽のさ中においてさえ、「この瞬間がいつまでも続けばいいが」と、心がわれわれに真実に言えるような瞬間は、めったにないものである。それで、われわれの心をなおも不安定に、空虚にしておくような消えやすい状態、過ぎた何物かをわれわれに惜しませ、あるいは未来の何物かをなおもわれわれに所望させる状態を、どうして幸福などと呼びえよう？

それにしても、魂が安立の地盤を見いだして、そこに完全にいこい、そこにその全存在を集中することができて、過去を想起する必要もなく、未来に蚕食する必要もない状態、魂にとって時間が無に等しい状態、現在が永久に持続しつつ、しかもその持続を標示することなく、何らその持続の痕跡《こんせき》も止《とど》めることなく、欠乏感も享有感もなく、苦楽の感覚、欲望危懼《きく》の感覚もなく、ただあるのは、われわれの存在しているという感覚だけ、そして、この感覚が全存在を満たしうるような状態がつづくかぎり、そこに見いだされるものこそ、幸福と呼ばれうるのである。それは、人々が現世の快楽の中に見いだす幸福のような、不完全で、貧弱で、相対的な幸福ではなく、充実した、完璧《かんぺき》の、満ちあふれた幸福である。それは、魂がいっぱいにしてもらう必要を感ずるような空隙《くうげき》を、その中に一つだに残していない幸福である。僕はサン・ピエール島で、孤独な夢想にふけりつつ、しばしばこのような状態にあったのである。波のまにまに流されながら、小舟の中に寝ころび、あるいは、潮騒《しおさい》の湖岸に坐り、またあるいは、美しい大河や、せせらぎの呟《つぶや》く渓流のほとりに坐って。

このような境地において、人は何を楽しむものだろうか？　自分にとって外面的な何物でもない。自分以外の、自分の存在以外の何物でもないのである。この状態がつづくかぎり、人は自分だけで満ちたりる、ちょうど、神と同じように。その他一切の煩悩《ぼんのう》をなくした存在感覚は、それ自身、満足と平和の貴重な感覚で、ただこの感覚ひとつで、ある種の人々――つまり、この世において、存在の甘美をたえずわれわれから奪い、みだしにくる肉欲的現世的な一切の刺激を排することのできる人々に、その存在を、親しい、甘美なものたらしめるのである。しかし、際限のない愛欲に動かされている大部分の人たちは、かくのごとき状態をほとんど知らない。そして、ほんのしばらく、不完全にそれを味わった程度で、それについて、曖昧模糊《あいまいもこ》とした観念しかいだいていず、ために、その状態の魅力を感知するまでにはいたっていないのである。なるほど、物ごとの組織が今日のような時代にあっては、彼らがあの甘美な恍惚《こうこつ》を渇望《かつぼう》するあまり、活動的な生活をいやがることは――活動的生活への、彼らのつねに新たに生れる要求が、結局、彼らに義務を命ずることになるので――あるいは善いことでないかもしれない。それにしても、人間社会から削除された一人の不幸な男なら、もはやこの世では、他人に対しても自分に対しても、有益なことも、善いこともなすことのできなくなった男なら、人間のあらゆる幸福に対する償いくらいは、せめてこの状態の中に見いだしてもよかろう。

これくらいは、運命も人間も彼から剝奪《はくだつ》しえないであろうから。

このような償いは、あらゆる人々によって、また、あらゆる境涯において、必ずしも感じられうるものでないことは事実である。それには、心が平和でなければならない。そして、いかなる欲念も心の静安をみだしにきてはいけない。その償いを感ずる当人の気持が大切である。周囲の事物の協力が必要である。それには、絶対的な静謐《せいひつ》も、過度の激動も要しないが、そのかわり、乱れのない、隙間《すきま》のない、均一でほどほどの運動が必要である。運動がなければ、人生は昏睡《こんすい》状態にすぎない。もしその運動がまちまちであったり、あるいは、強きに過ぎたりすると、それは目をさまさせる。ふたたびわれわれを周囲の事物に引きもどして、夢想の魅力を毀《こわ》してしまう。そして、われわれの内部からわれわれを剝《は》ぎ取り、すぐまた運命と人間どもの桎梏《しっこく》下に置いて、ふたたびわれわれに以前の不幸感をいだかせるにいたる。そうかといって、絶対的な沈黙は陰鬱《いんうつ》にかたむく。それは死を想像させる。だから、楽しげなイマジネーションの助けが必要になるが、天からそれを授かったような人々には、かなり自然にその助けは現われてくるものである。外部から来るのでないその運動は、だから、われわれの内部で行われる。もとより、静謐の度は減じられるかもしれないが、しかしまたそれは一層こころよくもある。ある、ほのかな、心地よいイデーが、魂の底を搔《か》きたてることなどせずに、いってみれば、その表面をさっと掠《かす》めるだけで、自分の一切の厄災を忘れて、ただ自分で思い出すに足るだけのものさえあればいい。この種の夢想は、人が落着いていられるところならどこでも味わえるのである。そして、僕はよく考えたものだが、たとえばバスチーユ監獄などで、目に映る一切のものを奪われた土牢《つちろう》の中でさえ、なおかつ僕はこころよく夢想することができたろうと思う。

それはともかくとして、僕のは肥沃《ひよく》な、寂しい島の中だから、一層よく、一層こころよく行われたのだということは、認めなければなるまい。おのずと世界の他の部分から別に切り離されたこの島にあっては、日に映るものの何一つとして楽しくないものはない。悲しい追憶を思い起させるものもない。少数の住民から成っているこの社会は、やさしくて、親切で、といって、たえず僕につきまとっているような煩《わずら》わしさはない。そういう環境だから、僕は一日じゅう、なんの屈託もなく、気随気ままに自分の道楽仕事に没頭したり、そうかと思うと、のんびりと閑日月を楽しむこともできたのである。じつに機会は夢想者にとって絶好だったといえよう。なにしろその夢想者は、不愉快な物ごとのさなかにあっても、楽しい空想でおのれを養うことを知っていることとて、彼の感覚を現実的に打つものをことごとくそこに集合させて、思うがままに飽食することができたからである。長い、甘美な夢想から抜けでれば、僕は、緑と花と鳥につつまれている。目を遠く放てば、明るい透《す》んだ水の洋々たる拡《ひろ》がりを繞《めぐ》らして、ロマンチックな岸辺が浮ぶ。このような愛すべき物象が、みなこぞって僕の夢にまざってくるような気がする。そのうち、ようやく自分自身に、そして自分をかこむ周囲の物に、だんだん引きもどされてくる。それでも僕には、夢と現実のけじめをつけることができない。これほどまでに、僕があの美しい滞在地で送った内観的な、孤独の生活を、一切のものがみな同じように競って親しみ深いものにしてくれたのだった。二度とふたたびあのような生活はできないものか！　あのなつかしの島へわが世を終えにゆくことはできないものか！　そしたら二度とふたたび帰らないのに！　長の年月、彼らが好んで僕の上に集中したあらゆる種類の厄災を思い起させる、あの大陸の住民は一人も見ずに住めるのに！そしたら、彼らはすぐに僕から永久に忘れられてしまうだろう。もとより、彼らのほうでは、僕を忘れないかもしれない。しかし、彼らが僕の静安をみだしに、わざわざそこまでやってきさえしなければかまわないじゃないか？　社会生活の喧噪《けんそう》が生む一切の地上的欲念から離脱して、僕の魂は、しばしば、この雰囲気《ふんいき》の上方に飛び立つであろう。そして僕の魂は、今のうちから、天使たちと交際をむすんでおくだろう。いずれは近々のうちに、天使の数を一人増しにゆくことを願っているのだから。もとより彼ら人間が、あのように美しい隠れ場を僕に返してくれないだろうことは、僕をそこに放っておくことを欲しなかったのを見てもわかる。それにしても、僕が毎日、イマジネーションの翼でそこに馳《は》せ、僕が本当にそこに住んでいたときと同じ快楽を、数時間のあいだ味わうのを、彼らといえども妨げることはできまい。僕がかの地で最も甘美とするのは、心のゆくままに夢想することである。それなら、僕はかの地にいるのだと夢想すれば、同じことにならないだろうか？　それ以上でさえあるのだ。つまり、抽象的で単調な夢想の魅力に、僕はその夢想を活潑《かっぱつ》にする多くの美しい思い出を加えることになる。その思い出の対象物は、陶酔のさ中にあっては、僕の感覚から逸脱することがしばしばであった。ところが、今日では、僕の夢想が深ければ深いほど、その対象物を如実《にょじつ》に描いて見せてくれるのである。僕は、実際にあったとき以上に、一層頻繁に一層心地よく、それらの中にいるようになった。不幸なのは、イマジネーションが冷却するにしたがって、それが浮んでくるのに骨が折れ、しかもあまり永く続かないことである。ああ！　人がイマジネーションの皮を脱ぎはじめるとき、人はそれに遮《さえぎ》られて物が見えなくなるのだ。

訳注一　テレーズ・ルヴァスールのこと。のちルソーの正妻になった。

第六の散歩

われわれの行う機械的運動にして、その原因は、もしそれをわれわれの心中に捜しさえするならば、必ずそこに見いだされうるものである。

昨日も僕は、ビエーヴル川に沿い、ジャンティの方面へ植物採集に行こうとて、新しい大通りを歩いていたが、アンフェールの市門に近づくと、いきなり右の方に曲って、野原にいで、フォンテーヌブローの街道を通って、あの小さな川に沿う高地に行こうとしたのである。この行程はそれだけでは別にとりたてて言うほどのこともないが、しかし、これまで僕は何度となくこの迂回《うかい》を機械的にしていたことを思い出して、その原因を自分自身のうちに捜してみた。そして、それが合点《がてん》いったときには、思わず笑いださずにはいられなかったのである。

アンフェールの市門を出た、大通りの片隅《かたすみ》に、夏になると、毎日、果物や、飲料水や、パン菓子を売る女が出たのである。その女は小さな男の子を連れていた。実にいい子だったが、ちんばで、松葉杖《づえ》でびっこ引きひき、愛嬌《あいきよう》をふりまきながら、通行人に施物を乞《こ》い歩いた。僕はこの好少年と一種の知合いの仲だった。僕が通るたびごとに、きっと挨拶《あいさつ》しに僕のほうへちょこちょこやってくるので、僕も少しながら、いつも施しをしてやるのがつねだった。初めのころは、彼を見るのが楽しかったので心から施しをしてやっていた。そして、当分はいつも同じ愉快を覚えながらつづけていたし、またそればかりでなく、いつものおもしろいお喋《しゃべ》りをそそのかして、それを聞くという愉快さえあったのである。この愉快は、しだいに習慣となり、なんとはなしに一種の義務にかわってしまったので、ほどなくそれに窮屈を感ずるようになった。とりわけ、長広舌をふりまわしたり、またその中で、いかにも僕を知り顔に、しきりにルソーさんなど呼ぶからだが、これでかえってわかったように、僕の名前を彼に教えた人たちよりも、彼は僕を知らないわけなのである。そのころから、僕はそこを通るのが気がすすまなくなり、はては、この近道にちかづくと、だんだん頻繁《ひんぱん》に、迂回する習慣が機械的についたのである。

これだったのだ。僕は考察してはじめてわかったのだ。なぜって、これまでついぞこのようなことは、僕の念頭にはっきり浮んだことはなかったのだから。この究明が続々として他の多くの究明を想起させることになり、それによって、確証されたわけだが、僕の行動の大部分の、最初の真の動機は、自分が長いこと想像していたほど僕自身に明《めい》瞭《りょう》なものでないということである。善を行うのは、人間の心が味わいうる最上級の真の幸福であることは、僕も知っており、そうと思っている。しかしその幸福は、もうずっと以前に、僕などの手の届かぬところに置かれてしまったのだ。そして、僕のような惨《みじ》めな運命にあっては、真に善い唯一《ゆいいつ》の行動を、選《え》り抜いて、有効に、行うなどいうことは望みえられないのだ。僕の運命を決定する人たちは、何ごとにつけ、嘘《うそ》で、だまかしの外見しか見せまいと最大の配慮をはらったので、いつもながら徳行の誘因は、僕にかけた罠《わな》におびきよせるための、目の前にぶらさげた餌《えさ》にすぎなかったのである。僕はそれをちゃんと知っている。今後、僕にできうる唯一の善は、行うことを差控えることであることを知っている。自分でもそのつもりはなく、うっかり知らずに悪を行うようなことがあってはいけないからだ。

それにしても、僕が自分の心の動くままにしたがって、ときには他人の心を満足させえたようなもっと幸福な時代もあったのである。そして、この愉快を味わうことのできたそのつど、僕が他のどんな愉快よりもそれを甘美に思ったということの尊い証《あかし》は、僕の天性に基因している。僕のこの性向は、熱烈で、真実で、純粋だった。そして、僕の最も隠密な内心においても、何らふたたびこの性向を裏切るようなことはなかったのである。それにもかかわらず、僕は自分自身の善行の重圧をしばしば感じたのである。善行を続けているうちに、いつしかそれが義務の鎖を負わすようになるからである。そうなると、愉快は消えてしまう。最初のほどは僕を魅了した配慮だったのに、その同じ配慮の継続には、もはや、ほとんど耐えがたい窮屈しか感じなくなってしまう。僕の短かった繁栄の時代に、僕の助力を求めにきた者は少なくなかったが、僕にしてやることのできる奉仕で、体《てい》よく断わったことなど一度たりとなかった。それだのに、最初のほどは、真情を吐露してこれらの善行をなすものの、そのうちに、僕の予期していなかった契約の鎖が、つぎつぎに出てくる結果になって、はてはその束縛をのがれることもできなくなるのだった。僕の初めにしてやった奉仕は、それを受けた人々の側からみれば、後に続くべき奉仕の担保にほかならなかったのである。それで、誰か不運な人が、恩恵を受けることによって、僕を押えてしまえば、後はもうそれで決ったのである。自由な、そして自発的な、この最初の恩恵は、その後もそれを要求しうるあらゆる人々にとって、際限のない権利となり、僕に不可能の場合でさえ、それからのがれるわけにはゆかないのである。このようにして、きわめて甘美な享楽《きょうらく》も、やがて僕には、負担の多い束縛になってしまうのだった。

しかしながら、この束縛の鉄鎖も、僕が世間から知られずに暗闇《くらやみ》で生活していた間は、それほど重いものにも思えなかったのである。ところが、いったん僕というものが、自分の書いた物で、世間の表面に出されると——もとより、これは重大な過失だったとはいえ、僕の不幸で償われるどころではなかったのだが——そのときから、僕は一般相談所のようなものになってしまって、あらゆる悩む人々、あるいは、そう自称する人々、お人好《ひとよ》しを捜している山師たち、僕をひどく信用しているらしく見せかけて、手をかえ品をかえ僕を捕えようとする人々、そういう連中の御用を承ることになったのである。

ここにいたって、僕は悟らざるをえなかったのだが、慈善にかぎらず、その他、人間として自然の性向を、むやみやたらに社会へ出し、あるいは、それを続けるならば、それはかえって自然を変えることになり、その最初の方針では有益であったように、とかく有害になりがちなものであるとわかった。あのようなおびただしい残酷な経験は、僕の初めのころの心境を少しずつ変えていったのだった。というよりは、それらの経験が僕の心境をその真の範囲内に閉じこめることによって、僕の知りえたのは、僕の善をなそうとする性向が他人の悪を助長する役にしかたたない場合は、今までほどそれに盲従せずにすめたことだった。

それにしても、僕はあのにがい経験をむだだったとは思っていない。なぜなら、僕自身を知るうえに、そして、僕があのように迷いがちだった多くの場合に際しての、僕のとった行為の真の動機について、それからの経験は、反省によって新たな光明をもたらしてくれたから。こうして僕は知ったのである、善いことを心たのしくなすためには、僕は自由に、拘束なく行動する必要があることを。そして、善行が僕にとって義務になれば、ただそれだけで、そのあらゆる甘美は奪われてしまうものであることを。そのときから、責務の重圧のため、最も甘美な享楽も、僕には重荷になってしまう。そして、たしか「エミール」の中で言ったと思うが、トルコ人は布令ひとつで国難に赴《おもむ》かねばならぬが、もし僕がトルコ人だったら、おそらく、さっさと出かける無情の亭主であったにちがいない。

以上のことは、僕が自分自身の徳性について、年久しく考えてきたことを大いに訂正することになるのである。なぜかとなれば、人はその性向に従って、その命ずるがままに善をなすの喜びをみずからに与うる必要はないのだからである。しかも徳性というものは、義務の命令ひとつで、唯々《いい》諾々《だくだく》として自己の性向を打破することにあるのである。そして、このために、僕は世間の人たちよりは少ししかなすことができなかったのである。僕は感じやすく、善良に生れつき、憐憫《れんびん》の情は欠点ともいえるほど持ち合せ、こと、義俠《ぎきょう》となれば魂は激昂《げっこう》せずにはいないほどだったので、僕の心情に関するかぎり、僕は自分の好みや道楽からいっても、人情的であり、慈悲ぶかくあり、人助けが好きだったのである。もし僕が人間のうちで最も強かったら、僕は人間のうちで最も善良に、最も寛大になったことだろうと思う。そして、復讐《ふくしゅう》の念を僕から一掃するには、復讐することができるというだけで十分だったろうと思う。僕は自分自身の利益に反しても、難なく、正しくあったろうが、僕に親しい人々の利益に反しては、なかなかそうはいかなかったろうと思う。僕の義務と心情がかちあう場合は、前者が勝利を得るようなことはめったになく、行動せずにいるのがせいぜいだった。だから僕は、たいがいの場合は強かったのである。それにしても、自分の性向に反して行動することは、僕にはつねに不可能だったのである。命令するのが、人間であろうが、義務であろうが、必然であろうが、僕の心情が黙しているかぎり、僕の意志は聾である。だから、僕は命令に従いようもないのである。僕は悪が僕を襲おうとしているのを見る。僕はそれを防ごうと、いたずらに動揺するよりは、いっそ自由に来させるのである。初めのうちこそ努力してもやるが、この努力は、すぐに僕を疲らせ、ぐたぐたにさせてしまう。あとを続けることなどできぬのだ。およそ考えられうるあらゆることにおいて、僕が心たのしくなさないことは、何にかぎらず、ほどなく僕にはなすことができなくなるのである。

それのみではない。たまたま強制が僕の欲求と合致した場合、その強制が、強く働きすぎると、ただそれだけで、僕の欲求を全滅し、それをして、嫌悪《けんお》に、怨恨《えんこん》にさえ変えてしまうのである。そして、このためにこそ、人が要求する善業、そして、人が要求しないときには、自分から行なっていた善業が、僕には苦しいものになるのである。純粋に無償の慈善は、もとより、僕の好む仕事である。しかしながら、慈善を受けた者が、怨恨でおどしながら、その継続を要求するための何らかの名目をこさえるとき、初めそれが楽しかったからとて、僕を永久に、彼の慈善家にしようとする掟《おきて》をつくるとき、もうそのときから窮屈がはじまって、楽しさは消えてしまう。そのとき、僕が負けて、何かするとすれば、それは弱さであり、気恥ずかしさであって、もはや、そこには善意はないのである。そして、僕はそれをみずからに誇るどころか、いやいやながら善を行うのを自分の良心に咎《とが》めるのである。

恵む人と恵まれる人との間には、一種の契約が、あらゆる契約の中で最も神聖な契約があることを僕は知っている。これは両者が一緒になって形成している一種の社会で、普通、人間同士を結びつける社会より一層密接なものである。そして、もし恵まれる人が暗黙のうちに感謝を約束するならば、同様に、恵む人は、相手がその資格を失わないかぎり、今しも彼に示した善意を、今後とも保持することを約し、そして、できうることに、また、求められるごとに、その行為を新たにしてやることを約するのである。なるほど、それは明示した条件ではないかもしれないが、彼らの間にうちたてられた関係の自然的結果ではある。人から依頼された無償の奉仕を、初回に断わる分には、その人は当の断わられた人へ、不平を言う権利を与えはしない。しかし、同じような場合、その同じ当人に、以前は承諾した同じ恩恵を断わるとすれば、その人は、相手にいだかせた希望を裏切ることになるのである。相手に期待させておきながら、それを欺《あざむ》き、否認することになるのである。この拒絶には、なにかしら、不正なものが、前者よりは無慈悲なものがあるような気がする。しかしそれとて、心情が好む、心情が容易には断念しない自立性の結果でなくはないのである。僕が借金を払うとすれば、それは自分の果す義務である。僕が施し物をするとすれば、それは自分に与える楽しさである。ところで、自分の義務を果す楽しさは、徳行の習慣からのみ生れる楽しさに属している。すなわち、自然から直接われわれにくる楽しさというものは、この義務を果す楽しさほど高揚しないのである。

あのように数多くの悲しい経験を閲《けみ》した果て、僕は自分の最初の継続した行動から生ずる結果を、ずっと前から予想することができるようになったのである。そして、僕が行いたくもあり、また行いもする善行にして、差控えたことも再三ではなかったのである。それも、もしうっかりそんなことをしたなら、後々も、それに縛られて服従しなければならぬことに恐れをなしたからである。僕はこのような畏懼《いく》をいつでも感じていたわけではなかった。それどころか、若いころには自分から人の世話をみてやるのが大好きだった。そして、僕に恩をこうむった人たちにしても、利害を離れて、感謝から僕になついているのが感じられたことも幾度かあった。ところが、僕の不幸がはじまると、途端に、他のあらゆる点におけると同様、この点でも、局面は一変したのだ。このとき来《らい》、僕は前の時代とは似もつかぬ、新しい時代の中に生活するようになった。そして、他人に対する僕自身の感情は、僕が彼らの感情の中に見いだした変化に悩んだのだった。これら二つの全然相違した時代の中に、僕が相ついで見た同じ人たちは、いってみれば、どっちの時代にも相ついで同化したようなものなのだ。初めのうちこそ、真実で率直であった彼らも、今のような人間になり、要するに、他の人たち並みのことをしたわけなのだ。時代が変ったというただそれだけで、人間も時代のように変ったのだ。なんだって、その人たちに対して以前と同じ感情をもちつづけることなどできよう。その感情をだ。

生ましめたものの逆を、今では彼らのうちに見いだすではないか。僕は彼らを憎みはしない。憎むなどということは、とうてい僕にはできがたいことだから。ただ彼らの当然受くべき軽蔑《けいべつ》の念を禁じえないし、また、それを彼らに示すことを慎むこともできぬのだ。

おそらく僕自身とて、それに気づくことなく、必要以上に変ったことだろう。どんな天性だって、僕のような境涯にあれば、変質せずに耐えることなどできるはずもないではないか？　自然が親切にも僕の心の中に入れてくれたよい素質も、僕の運命のため、また、その運命を操《あやつ》る人々のため、自他双方の不利を醸《かも》して、害《そこな》われたことを二十年の経験によって知った僕としては、人からなすべき善業を示されても、その下に何か悪いことの隠されている、僕に張られた罠《わな》としか思えなくなったのである。善業をなせば、その結果は何であれ、僕の善意の価値がそのために減少するものでないことは、僕も承諾している。そうなのだ、その価値は、もちろん、いつだってそこにあるのだ。しかしながら、心中の魅力は、もうそこにはないのである。そして、この刺激物が僕に欠けるやいなや、僕は自分の裡《うち》に無関心と冷淡しか感じなくなるのである。そして、真に有益な行為をなすどころか、僕は騙《だま》され者の所為しかしないこと必定で、自負心の憤激は理性の否認と結合して、本来なら意気と情熱に満たされていたはずの僕に、嫌悪《けんお》と抵抗しか吹きこまないのである。

　ひと口に逆境といっても、魂を高揚し、強化する種類のものがあるが、しかしまた、魂を打ちのめし、殺してしまうのもある。僕が陥ったのはかかる逆境だったのである。僕のその逆境の中に、何か少しでも悪い酵母があったとしたら、逆境はそれを極度に醱《はっ》酵《こう》させて、僕を狂的な人間にしたことだったろう。しかしそれは、僕を何の役にもたたない人間にしかしなかったのである。自分自身のためにも、他人のためにも、善いことをすることができなくなった僕は、行動を差控えるよりほかはないのである。そして、このような状態は、他から強制されたのだから無罪であるわけだが、実はこの状態のおかげで、僕は自分の生来の性向に平気で心ゆくまで没入することに一種の甘美を見いだしたのである。あるいは僕は行きすぎであったかもしれない。なぜなら、僕は善いことだとわかっているときでさえ、行う機会を避けていたのだから。しかし、人々は物ごとをありのまま僕に見せようとしていないことは確実だったので、僕は彼らが物ごとに与える外観で判断することを差控えていたのである。そして、いかに彼らが行動の動機を術計の色で塗りつぶそうとも、それらの動機が、僕の理解の範囲内にさえあれば、それらが虚偽であることを確かめるぐらいわけなかったのである。

　僕の運命は、幼少のころから、はやくも最初の罠をかけておいたように思われる。そして、この罠が、長い間、かくもむざむざと他のあらゆる罠にかかるように僕を仕向けたのだった。僕は人間のうちで最も人を信じやすい性質に生れついた。そして、まる四十年間、この信頼が裏切られたことなど一度もなかった。それがいきなり、これまでとはうって異《ちが》った人事の世界に入れられた僕は、その一つにさえ気づくことなく無数の穽《おとしあな》に陥ったのである。そして二十年の経験で、やっと自分の宿命がわかるようになってきたのである。人々が僕に惜し気なく示す虚飾的な表現の中には、虚言と虚偽しかないことがわかると、僕は大急ぎで反対の極端に走ったのである。なぜなら、人はひとたびおのれの天性から離れれば、もはや、われわれを引止める限界はなくなるからである。そのときから、僕は彼ら人間に厭気《いやけ》がさすようになった。そして、僕の意志は、この点に関するかぎり、彼らの意志と協力して、彼らのあらゆる陰謀をもってしてもおよばぬほどに、彼らから遠くに僕を切り離したのである。

彼らがいまさらじたばたしたってだめなのだ。僕のこの嫌忌《けんき》は、怨恨などというものではありえないのだから。彼らは僕を従属させておこうとして、かえって、僕に従属していることを思うと、心からお気の毒になる。もし僕が不幸だとすれば、彼ら自身もそうである。僕は自分にたち返るごとに、いつも彼らを哀れに思う。おそらくこの批判には今もって矜持《きょうじ》が混じているかもしれない。僕は彼らを憎むべく、自身があまりにも彼らを超越しているような気がするのだ。せいぜい、彼らは僕に軽蔑心《けいべつしん》をいだかせるくらいのことはあろうが、憎しみなどとはもってのほかだ。要するに僕は、自分で自分をあまりにも愛しているため、誰であろうと、他の人を憎むことなどできないのだ。そんなことをすれば、自分の存在を圧縮することになる。なにしろ僕は、それを全宇宙にのびのびと拡《ひろ》げたいと念じているのだから。

僕は彼らを憎みなどするより、彼らからのがれたほうがよっぽどいい。彼らの顔を見ると、僕の感覚は害される。そして僕の心は、彼らのため、無数の残酷なまなざしから耐えがたい印象しか受けない。それにしても、不快を惹起《じやつき》する対象物が見えなくさえなれば、不快もすぐ消えるのである。彼らが目前にいれば、いやでもおうでも、彼らにかかずらわなければならない。しかし、彼らの思い出なら、煩《わずら》わされることはない。僕が彼らを見なくなれば、僕にとっては、彼らが存在しないのと同然だ。

彼らが僕に無関係だといっても、それは僕という者に関連する場合においてのみのことである。なぜとなれば、彼ら相互間の関係においては、なおかつ、彼らが僕の興味をそそり、僕を感動させうること、あたかも芝居の人物が舞台で演ずるのを見ているようなものだからである。わがうつせ身の滅してしまわないかぎり、正義が僕に無関係というわけにはいかないのである。不正と邪悪を見物すれば、今もって、僕は憤怒《ふんぬ》の血を沸かす。見栄《みえ》や衒気《げんき》のみじんもない徳行は、いつもながら僕を歓喜でふるわせ、いまだに熱涙を流させる。それには、僕は自分でそれを見、自分で評価する必要がある。なぜなら、僕自身のこれまでのことを考えてみるに、僕もよほどのばかでもないかぎり、人の判断を、よしそれがどんなにもっともらしくとも、そのまま受入れたり、他人の信ずることをむやみに信じたりするはずもないからだ。

僕の顔かたちや特徴が、僕の性格や天性同様に、もし完全に人に知られていないものなら、僕は今もって彼らに伍《ご》して平気で暮しているだろうと思う。僕が彼らにとって完全に他人であるかぎりは、彼らとの交際だって僕をよろこばせもしよう。もしも彼らが僕のことなど意に介しないでいてくれたら、僕は自分の生れながらの性癖に遠慮なくひたりながら、しかも彼らを愛したろうと思う。宇宙的な、そして完全に利害を越えた好意を、僕は彼らの上に注ぐであろう。といっても、何ら個人的な愛情など形成することなく、いかなる義務の軛《くびき》もきせることなく、僕は、彼らがその自尊心に悩まされ、そのあらゆる掟《おきて》に縛られて、容易になしえない一切のことを、自由に、そして、僕みずから進んで、彼らにさせてやることだろう。

もしも僕が自由で、人に知られずに、孤立していたのなら——もともと僕はそのようにできていたのだが——おそらく善いことしかしなかったろうと思う。なぜなら、僕は心の中に有害な情念の芽などもっていないのだから。もしも僕が神のごとく人目にふれず、全能であったならば、僕は神のごとくに慈悲深く、善良であったろう。優秀な人間を造るのは、力と自由なのだ。弱さと束縛は、これまで悪人しか造らなかったのである。もしも僕がジジェスの指輪を持ったなら、彼ら人間の隷属《れいぞく》から脱して、彼らを僕の隷属下においたことだろう。僕ならこの指輪をどう使うだろうかと、よく僕はいろいろ夢を描いては考えてみることがあった。実際、できると思うと、乱用したくなるのは当然だからだ。自分の欲望を満足させることが自由にでき、あらゆることが可能で、他人からは騙《だま》されえないとすれば、僕にはそのあとまだいくつも望むことがありうるだろうか？一つしかないのだ。すべての人々の心が満足するのを見るというのがそれなのだ。一般公衆の至福の姿のみが、僕の心を不変の感情で動かしうるだろうし、また、それに協力せんとする熱烈な欲望が僕の恒久の情熱となるであろう。つねに偏することのない公平と、つねに弱さのない善良を持して、僕は盲目的な猜疑《さいぎ》や、執念深い憎悪《ぞうお》を極力避けるようにするだろう。なぜなら、人間のありのままの姿を見るとすれば、また、彼らの心底を楽々と読みとるとすれば、僕のことごとくの愛情を受けるにふさわしいほど愛すべき人も、また、僕のあらゆる憎悪を受けるにふさわしいほど忌《いま》わしい人もほとんどいないだろうから。そして、彼らが他人にしようと思いながら、自分自身にしている悪に対して、明確な認識を得れば、彼らの邪悪そのものが、僕をして、彼らを哀れに思わしめることだろうから。もとより、機嫌《きげん》のいいときなど、この魔法の指輪で奇蹟《きせき》を行なってみたりする子供っぽい真似《まね》もしかねまい。といっても、自分自身に対しては完全に利得を離れてのことなのだ。そして、厳正な正義の行為に関しては、自分本来の性向のみを法として、寛大と公正の多くの行為をなすことだろう。神の牧師となり、神の掟の分配者となり、自分の力に応じて、聖者伝や、聖メダールの墓の奇蹟以上に、賢明で有益な奇蹟を行うことであろう。

どこへでも人に見られずに入りこめるというこの能力は、抵抗しがたい多くの誘惑を求めさせることになろうが、それも実はただ一点を求めるためにほかならぬのである。しかも、一度、あの迷路に踏みこんでしまえば、その誘惑にひきずられて、どこへ連れてゆかれるかわかったものではない。このような神通力にも僕は誘惑されないだろう、それとも、理性があの致命的な坂道で僕を止めてくれるだろう、などと、たかをくくるのは、自然性というものを、そして、自分自身を知らないことになるのだ。これ以外のいかなる点で自分に確信があったとしても、僕はこの点だけで台なしになったはずだ。おのれの力によって人間を超越する人は、人間性の弱さを超越しているはずである。さもなければ、その力の過剰は、実際において、彼を他の人々以下に置く役にしかたたないであろう。よしまた彼らと同等であるとしても、実際の自身より以下に置かれることになろう。

かれこれ考えてみるに、魔法の指輪など、僕もうっかりするとばかな真似をしかねないので、そんなことのある前に早く捨ててしまったほうがよかろうと思う。もしも彼ら人間が実際の僕とは似もつかぬ別人を僕のうちに見ようとするのなら、そして、僕を見ることが彼らの不止をそそるのなら、彼らの目にふれないように、僕は彼らから逃げなければならない。といっても、彼らの中にいて、見えないようにしているのではない。

彼らのほうこそ、僕の前でこそこそ隠れたり、その術策を僕に見せまいとしたり、日の光を避けて、土鼠《もぐら》のように地面の中にもぐったりするんだ。僕としては、できるものなら彼らから見てもらいたいんだが、しかし、それは彼らには不可能だろう。彼らは自分らが勝手にでっちあげたジャン・ジャック、思う存分に憎むことができるように都合よく作りあげたジャン・ジャックしか、僕のかわりに見ないであろうから。だから、僕は彼らの僕に対する見方など気に病むのはまちがっている。それは本気になってくよくよすべきことではないのだ。なぜなら、あのようにして彼らが見るのは、そんなことではないのだから。

以上のことごとくの反省から得た結果は、そこにあってはすべてが窮屈であり、負担であり、義務である文明社会に、実際のところ、僕はぜんぜん適していなかったということである。そして、僕の生れながらの自立性が、彼ら人間とともに生きるに必要な服従をいつも僕に不可能ならしめたということである。僕は自分が自由に行動するかぎりにおいて、善人であり、善いことしかできない人間である。それだのに、僕は束縛を感ずるやいなや、それが必然性の束縛であれ、人間の束縛であれ、僕は反抗的になる。というよりは、ひねくれてしまう。いったんそうなれば、もう僕は零《ゼロ》の存在でしかない。僕は自分の意志の反対をしなければならないときは、どんなことになろうと、それをなさないのである。僕は自分の意志をさえなさないのである。なぜなら、僕は弱いから。

僕は行動することを差控える。つまり、僕のあらゆる弱さは、行動のためであり、僕のあらゆる力は消極的であり、僕のあらゆる罪は、不行為からきていて、行為によることはめったにないからである。人間の自由は、自分の欲することをなすことにあるなどと、僕は一度も思ったことはない。ただ、自分の欲しないことをなさないことにあると思っている。そして、これこそ、僕がつねに要求し、そして、しばしばわが物とした自由であるが、この自由のために、僕は同時代人から最もはなはだしく誹謗《ひぼう》を受けもしたのである。つまり、活動的で、攪乱《かくらん》的で、野心的な彼らとしては、他人のうちに自由を憎み、自分自身に対しても自由を欲することなく——もっとも、ときどき、おのれの意志を実行する、むしろ、他人の意志を抑える、と、いう条件においてだが——要するに、一生涯、窮屈を忍んでも自分のいやなことをなし、命令するためには、どんな卑屈なことも辞さなかったのである。だから、彼らの過誤は、僕を無益な一員として社会から遠ざけたことでなくて、有害な一員として社会から放逐したことだったのだ。なぜなら、自白するが、僕は善いことはごくわずかしかしなかったかもしれない。しかし、悪いことなどというものは、生涯、僕の意志の中に入ってもこなかったのである。そして、僕より実際に悪いことをしない人間が世界に一人でもあろうとは思えないくらいだ。

第七の散歩

僕の長たらしい夢想の収集もまだ始めたばかりだのに、もう終りに近づいたような気がする。実はそのかわりに別の道楽ができて、これに夢中になっているからで、ために夢想する時間さえない始末である。実際、自分でも考えてみると噴《ふ》きださずにはいられないくらい、いささか常軌を逸したほどの凝り方である。だが、それもしかたのないことだ。僕のような境涯にあれば、自分の気の向くままに、好きなことをするよりほかに生きてゆく道はないのだから。いまさら僕は自分の運命などどうしようもない。僕は罪のない嗜好《しこう》しかもっていないのだ。それに、彼ら人間の批判など、今後の僕には取るに足りないものなので、叡知《えいち》でさえもが、僕に可能な範囲で、何なり自分の楽しいことをするのを望んでいる。対世間でも、自分ひとりでも、ただ気の向くままに行えばいい、自分に残されているわずかの力に従いさえすればいいとしている。このようなわけで、僕は草を自分の一切の糧《かて》とし、植物学を一切の仕事にするようになったのである。もっとも、かなり年をとってからだが、僕はスイスでディヴェルノワ先生について、最初の手ほどきを受けたことはある。そして、旅行するごとに、植物採集する機会に恵まれたので、かなり植物界の知識を得ることができた。それだのに、六十歳を越えて、パリに引きこもるようになってからは、大採集を試みるだけの根気もなくなってきたし、それに第一、例の楽譜写しというのに熱中していたので、他の仕事などどうでもよかったし、だから、さしずめ必要ではなかったこの道楽はやめてしまったわけである。僕は植物標本を売り払ってしまった。参考書も出してしまった。ただ、散歩の折などに、パリの近くで見つけたありふれた植物をときどき出してみるくらいで満足していた。その期間に、僕の知っているわずかばかりの知識は脳裏から跡かたもなく消えうせたが、その迅速《じんそく》なこと、何一つ刻みこまれる余裕もなかったほどだった。

それがどうだろう。六十五を過ぎた年齢になってから、自分の少しばかり知っていたことも忘れ、野原を駆けめぐる体力もなくなってから、指導者もなく、参考書もなく、庭もなく、標本もないというのに、突如として、またこの病気にとりつかれたのである。それも、初回のとき以上の熱のあげようである。今度は、ミュレーの、「植物界」をすっかり暗記し、地上で知られているあらゆる植物を知ろうという賢明な計画をたてて、それに専心没頭しているありさまだ。植物学の本を買い直すこともできぬので、人の貸してくれた本を書き写しはじめる。初回のときよりは一層豊富な標本をつくる決心で、ゆくゆくは、海中の植物から、アルプス山上のもの、はては、インドの草までことごとく入れようと思っている。例によって、はこべ、山人参《やまにんじん》、瑠璃《るり》ぢさ、のぼろ菊、などの楽なところから始め、まずさしずめ、自家の禽舎《きんしゃ》の上で、さも学者然と採集する。そし

て、何か目新しい草の芽に出っくわすと、うれしくて、ひとりごつ。《そらまた一つみつかったぞ》

僕は自分の気随気ままにやってゆこうとした決心を弁解しようとは思わない。僕はこの出来心をすこぶる理屈に合ったことだと思っているのである。それというのも、僕のような境涯では、自分の楽しい道楽にふけることは、きわめて賢明であり、立派な美徳でさえあると信ずるようになったからで。要するにそれは、僕の心中に、復讐《ふくしゅう》や憎悪《ぞうお》の酵母を発生させない方便であるのだ。それのみならず、僕のような運命において、何かの道楽ごとに趣味を見いだすなどとは、すべて怒りやすい激情を払拭《ふっしょく》した天性をもっている証拠である。これは僕の迫害者らに僕らしく復讐することになる。僕には、彼らの意に反して幸福になるという以外に、より彼らを残酷に罰しようはないのだ。

そうなのだ。僕の心を惹《ひ》きつけ、そして、それに従うことを何物も阻止しない嗜好には、何にかぎらず身を任すことを、うたがいもなく、理性は僕に許し、命じてさえいるのだ。それにしても、理性は、なぜこの嗜好が僕の心を惹きつけるかを教えてくれない。利益も進歩もないことのわかりきっている、こんなむだな勉学に、僕はどんな魅力を見いだしえたのか、すでに心身ともに衰えて、何ごともめんどうくさくなり、記憶力も鈍った、この耄碌《もうろく》した老いぼれの僕が、なんで今になって、青春時代の修業をしたり、中学生じみた勉強をしだしたのか、それを理性は教えてくれない。考えてみれば、これの折々、僕を人間のうちで最も幸福にしてくれたのに。

僕は夢想にふけりながらも、不幸でいじけたイマジネーションが、ついには、その活動性を他に転ずることを恐れ、またおのれの苦痛に対する不断の感覚が、次第に僕の心をしめつけていって、最後には苦痛の重みで僕を圧《お》しつぶしはしないかを恐れなければならなかった。このような状態のとき、僕にはきわめて自然である一つの本能が起って、これが僕をして陰気くさい考えはことごとく避けしめ、僕のイマジネーションを沈黙させるのだった。そして、周囲の物象の上に僕の注意を向けさせることによって、これまで僕がマスとして、全体としてしか眺《なが》めたことのなかった自然の景観を、初めて細分して見ることを教えてくれたのだった。

樹木、灌木《かんぼく》、草木、これはいずれも大地の装飾である。着物である。目に映るものと
ては石と泥と砂とよりほかはない、荒涼とした不毛の野辺《のべ》の眺めほどもの悲しいも
ない。ところが、もし大地が自然によって生命を与えられ、水の流れ、鳥のさえ
さ中で、自然の晴着を着せられていたとすれば、それは、動植鉱の三界の調和が永久
生命と興味と魅力に満ちた景観を人間に供するのである。これは、人間の
に倦《う》むことのない世界で唯一《ゆいいつ》の景観なのである。

観察者が鋭敏な魂をもっていればそれだけ、その人は、この調和が
のうちに醸《かも》した
す恍惚にひたりうるのである。ある甘美な深い夢想が、そのとき、その人の感覚を占領

する。すると、その人は、得もいえぬこころよい陶酔を覚えながら、あの美しい組織の無限の中に没入して、それと同化したと感ずる。すると、そのとき、あらゆる個々の物象はその人から離脱する。彼は全体の中にしか何物も見ないし、何[illegible]どない。だから、自分は包容しようと努力しているこの宇宙を、その人が分割して[illegible]ことができるためには、何か特別の事情がその人のイデーを圧縮し、イマジネー[illegible]る必要があるのである。

僕の身に、当然、起ったのがこれである。すなわち、憂苦で圧縮された僕[illegible]すれの一切の運動をみずからの周囲に近づけ、集中して、僕がしだいに陥りか[illegible]態にあって、まさに発散し、消えかかからんとするあの余熱を保存しようとしたのた。僕はぼんやりと森や山をほっつき歩いたが、自分の傷心を刺激することを恐[illegible]ことさら考えようとはしなかったのである。苦しみの対象を避ける僕のイマジネーンは、周囲の物象の軽快にして甘美な印象に、僕の感覚を委《ゆだ》ねさせておくのだった。僕の目は一つの物象から他の物象へと、たえず移動する。そうするうち、あのように変化に富んだ風景の中では、もっと目を惹きつけ、もっと長く目を留めさせておくような物象が必ず見いだされるはずだった。

この目を楽しませるおもしろみが、僕にわかったのである。これは、不幸の中にあっても、精神を休ませ、悦《よろこ》ばせ、慰める。そして、苦痛感を打切りにする。物象の自然性が、この愉楽を非常に助けて、それを一層魅惑的にする。馥郁《ふくいく》たる芳香、鮮麗な色彩、優雅な形態は、われわれの注意を惹く権利をわれこそ得んと互いに競うているかに見える。このような快感に浸るためには、ただ愉楽を愛しさえすればいいのである。そして、もしかかる物象にふれた人々にして、このような効果が起らないとすれば、その一部の人々は、生れながらの感性を欠いているからであり、そして、大部分は、彼らの精神があまりに他の観念にとらわれすぎていて、彼らの感覚機能を打つ物象に、こわごわ浸ることしかしないからである。

なお、もう一つのことが趣味ある人々の注意を植物界から遠ざけさせている。植物の中に、薬品と薬剤しか求めないという習慣がそれである。テオプラストスは植物をそんなふうには見なかったし、実のところ、この哲学者こそ、古代における唯一の植物学だと言いうるのである。だからかえって、われわれの間でほとんど知られずにいるころが、あの処方の大編纂者《だいへんさんしゃ》であるディオスコリードというような人や、そのちのため、薬草にされた植物にして、目につくものは一つ残らず薬剤に奪わ値しうたのである。すなわち、いわゆる効能なるものは、かれこれの差別なく、そのそれらの植物に割当てられたままでである。植物の構造は、それ自身で注ちは、ると、人々は考えていない。貝殻を学者然と整理することで一生を過言いぐさによれば、人が植物学に効用に関する研究を結びつけなかぎり、それは無用の研究だとして、植物学を軽蔑《けいべつ》するのである。この筆法でゆくと、人が自然の観察をやめないかぎり、無用の学だということになるのだが、実はその自然嘘《うそ》もいわず、またそんな文句をわれわれに言いもせず、ただ人間の力におのれを委《ゆだ》ねしかしないのである。ところが、その人間は嘘つきで、その言葉だけでは、信じねような多くのことをわれわれに断言するのだが、その言葉自身、ほとんどたいてに負うているのである。花の咲きみだれた野に立って、その花々をあれこれいてみたまえ。それを見るほどの人々は、君を外科医の助手にまちがえて、子供や、大人の皮癬《ひせん》や、馬の鼻疽《びそ》病《びょう》を治《なお》す草をたずねることであろう。

この不愉快な偏見も、一部、他の国々では、とくにイギリスでは、リネのおかげで破されている。実にリネは、薬学校から植物学を少々引出して、これを博物学と経済的用途に返した人である。しかしフランスでは、イギリスにおけるほど、この学問は世人に徹底しなかったため、この点に関しては、今もって依然として未開である。パリのさる才子がロンドンで、珍奇な樹木や草木で満たされた好事家《こうずか》の庭園を見て、思わず讃嘆《さんたん》の叫びを発したそうだ。「これはまたなんと見事な薬剤師の庭でしょう！」この考えでゆくと、いちばん最初の薬剤師はアダムだったということになる。なぜなら、エデンの園より植物の揃《そろ》っている庭を想像することはむずかしいからである。

このような薬物的な考え方は、たしかに植物学の勉強を楽しくするのにふさわしいものでない。それは、野に咲く花の色を萎《しぼ》ませ、幽邃《ゆうすい》な森のみずみずしさを干枯らし、青葉と樹陰を味気ない、不快なものにしてしまう。すべてこれらを乳鉢《にゆうばち》の中で砕くことしか考えない人には、あの魅力ある優美な構造とてほとんど何の興味もないのである。そして人々は、灌腸用《かんちよう》の草のなかに、羊飼いの娘のために花冠を捜しにゆくことはないであろう。

　このような薬剤的なものが、僕の田園的な想像を汚《けが》すことはなかった。煎《せん》じ薬や膏薬《こうやく》ほど、僕のその想像から遠いものはなかったのである。田圃《たんぼ》や果樹園や森や、またその中の無数の棲息物《せいそくぶつ》をまぢかに眺《なが》めながら、僕はいつもよく考えたことだが、植物界というのは、自然から人間と動物に与えられた食料品の倉庫である。しかし僕は、自然に薬品や薬剤を求めようなど思ったことは一度もなかった。あの種々雑多な生産物の中に、そのような使用を僕に向って示している物など何一つ見ないのだ。自然は食べられるうにできている以上、もし自然がわれわれにその使用を命じたものなら、選択を示くれているはずだ。心たのしく森陰を駆けめぐっても、もし熱病や胆石や痛風ことを考えるのだとすれば、人間の虚弱に思いをいたして、せっかくの愉快けようなろうというもの。もとより僕は、人が植物に帰している偉大な効能に人がいつまでとは思わない。ただ僕が言いたいのは、その実際の効能を仮定してもなぜなたっても病人だということは、病人にとって真にお気の毒だというものである。

ら、人間が罹《かか》る病気の数も多かろうが、そのうち二十種類の草で全治しないような病気は一つもないのであってみれば。

常にあらゆるものを自分たちの物質的利益に持ってゆこうとするあの根性、いたるところに儲《もう》けと薬を求めようとし、自分が丈夫なら、自然を冷淡に眺めるあの気風は、僕のとるところではない。この点、僕は他の人たちとはまったくあべこべのような気がする。つまり、自分の需要感にかかわる一切のものは、僕の考えを悲しませ、傷つける。そして、自分の肉体上の利得をまったく度外視してのみ、初めて精神の愉楽に真の魅力を見いだしうるのである。かようにして、たとえ僕は、医学を信じても、またその薬が気持よくとも、それに心を奪われていたら、純粋な、利害をはなれた静観が与えるあの歓喜を、僕は決して見いだすことはあるまいと思う。そして、自分の魂が肉体に縛られているると感ずるかぎり、僕の魂がおのずから昂《たかぶ》ってきて、自然の上を飛翔《ひしよう》するようなことはできまいと思う。もっとも、僕は医学はたいして信頼していなかったものの、ある医者を非常に信用していたのだった。僕はその人たちを敬愛していたし、また、自分の身体《からだ》を任せきりにもしたのだった。ところが十五年の経験は、僕の負担において僕を教育してくれたのだ。今や僕は自然の唯一の法則にもどって、自然の力で昔の健康を取りかえしたのである。医者としては、このこと以外には僕に苦情を言えた筋合でないとしても、彼らの僕に対する憎しみは無理ならぬことなのだ。なにしろ僕は、彼らの医術のも見なかった。僕がしっかりと身を保って、僕を引きずりこもうとする絶望に抵抗できるような、そんな支《ささ》えも手がかりも見つからなかった。

このような恐ろしい状態の中で、どうして、幸福に、平穏に生きていられよう？　ところが、僕は今もってその状態にあるのだ。今までよりも一層どん底に落ちているのだ。それでいて、そこに静謐《せいひつ》と平和を見いだしたのである。そして、幸福に、平穏に生きているのである。そして、僕の迫害者らが奇体にも自分で自分を苦しめているのを笑いながら、僕のほうでは安閑と、花だの、雄蕊《おしべ》だのと無邪気な遊びに気をとられて、彼らのことなど考えもしないのだ。

この転化はどうして行われたか。自然に、知らず知らずに、苦労なく行われたのである。最初の驚愕《きょうがく》は一方《ひとかた》ならなかった。人の愛情と尊敬を受くるに値しているとみずから思っていた僕、つまり、世間から敬愛されても当然だとみずから信じていた僕が、いきなり、かつて存在もしなかったような恐ろしい人非人《にんぴにん》にされてしまったのである。僕は全ジェネレーションがこぞってこの奇怪な意見に飛びつくのを見た。彼らはそれを説明するでもなく、疑うでもなく、恥じるでもなく。また僕は僕で、この奇怪な革命の原因を知ろうにも知りようがなくて。僕は猛烈にもがいた。そうして、ただめちゃくちゃになるばかりだった。僕は迫害者と膝《ひざ》つき合せて、懇談しようとした。彼らにはそんな考えはいささかもなかった。甲斐《かい》なく、長いあいだ苦しみぬいたあげく、僕としても、実際、ひと息つく必要があった。もっとも、その間も僕はつねに望みをかけていた。僕は自分に言ったことだ。《あんなばかげた無分別が、あんな不合理な偏見が、全人類におよぶはずなんかないのだ。あんな譫語《うわごと》には耳をかさない常識のある人たちもあることだろう。ぺてんや裏切り者を唾棄《だき》する高潔な魂の持ち主もいることだろう。それを捜そう。きっと一人くらいは捜せるだろう。その人さえ見つかれば、彼らは狼狽《ろうばい》するに決っている》。僕は捜したが、むだだった。そんな人は見つからなかった。連盟は全国的であった。例外なく、永久に。そして僕は、その神秘を究《きわ》めることなく、この恐るべき追放の中で余生を終えることは確実である。

かかる悲しむべき状態の中で、僕が絶望に陥るのは当然のことに思われたのに、長い苦悩をかさねた果て、僕がそこにふたたび見いだしたのは、静謐、安穏《あんのん》、平和、そして、幸福でさえあった。なにしろ、僕の生活の日々は、前の日を心たのしく思い出すことであり、そして、翌日も、きょうの日と同じようであるのを念ずることであるから。

この相違はどこからきているのか？　ただ一つのことからである。つまり、必然性の枷《かせ》なら、僕は文句をいわずに着ることを知ったからである。僕はなおもろもろの物にすがりつこうとあがいたのだったが、それら一切の手がかりがつぎつぎに失われてゆくと、僕は一人きりになって、やっと自分のいるべき場所に落着いたからである。八方から押しつけられても、僕はちゃんと平衡を保っている。それというのも、もう僕は何物にもすがりつこうとせず、ただ自分だけに凭《よ》りかかっているからである。

僕が世評に対して、あのように夢中になって猛《たけ》りたったときは、それと気づかずに、実はまだ世評の枷をつけていたのだった。人は自分の尊敬している人たちからは、尊敬されたいものである。そして僕が、人々を、少なくともある人々を有利に批判しうるかぎり、彼らが僕になす批判も、僕にとって無関心たりえなかったのである。公衆の判断は、たいてい公平なものであることを、僕は知っていた。しかし、その公平すらも偶然の結果であることを、僕は知らなかった。彼らが意見をたてるその方針は、彼らの欲念や、彼らの勝手な偏見からのみ引出されたことを知らなかった。そして、彼らが正しく批判するときでさえ、なお往々にして、その立派な批判が実は悪いプリンシプルからきていることも知らなかったのである。実際、彼らがたまにある人の功績を褒《ほ》めるふうを上手に装《よそお》うとも、それは正義心からではなく、ただ公平らしい態度を示したいからで、他の点では、その同じ人を思うさま誹謗《ひぼう》して恬《てん》としているのだ。

しかしながら、このように長い、空《むな》しい穿鑿《せんさく》の後、悪鬼しか考えつかぬような、およそ不正不合理なシステムのなかに、彼らは全部例外なく止《とど》まっているのを見たとき、僕に対して、理性があらゆる頭から、公平があらゆる心から駆逐されているのを見たとき、狂気じみたジェネレーションがその指導者の盲目的狂乱にこぞって投じて、誰に対しても悪をなさず、悪を欲せず、悪を報いなかった一人の不遇者に敵対していることを見たとき、僕があの一人の人を捜しあぐんで、しかたなく提灯《ちょうちん》を消して、《一人もいない》と叫ばずにはいられなかったとき、そのときになって初めて、僕は地上でたった一人の自分に気づくようになったのである。そして、僕の同時代人は、僕にとっては、ただ衝動だけで動く機械的存在でしかなく、したがって、彼らの行動も、運動の法則で測定するよりほかないことがわかったのである。彼らの魂の中に、何らかの意図、何らかの欲念を仮定しえたとしても、それらが、僕に納得がゆくように、彼らの僕に対する態度を説明することはまずなかったろう。かようにして、彼らの内心の意向など、僕には意味のないものになってしまった。僕はもはや彼らのうちに、僕に対して何らの道徳性もない、でたらめに動く集団しか見なかったのだ。

われわれに起る厄災において、われわれはその結果よりもその意志のほうを重要視する。屋根から落ちてくる瓦《かわら》のほうが一層われわれを傷つけもしようが、しかし、悪意ある手から故意に投げられた石ほどにはわれわれの心を痛めさせない。石ははずれることもままあろうが、意志は必ずその打撃を与える。運命の与える打撃のなかで、肉体的苦痛は、人が最も少なく感ずるところのものである。そして、不遇な人たちは、おのれの不幸の責任を誰に嫁《か》していいかわからないときは、運命のせいにする。わざと運命に目や知恵を貸して、それを人間化したうえで、その運命が自分たちを苦しめているのだとする。それはちょうど、賭博者《とばくしゃ》が文《もん》なしにされたのに恨みをいだいて、相手かまわず怒りちらすようなものである。彼は運が自分を苦しめようとして、わざと自分に向っているのだと思いこむ。そして、立腹の資料を見いだすと、活気づいて、自分の創《つく》りあげた、敵に対して激昂《げっこう》する。賢者はわが身に起るあらゆる不幸に、盲目的な必然性の打撃しか見ない。彼は痛苦に耐えかねて叫んでも、激したり、怒ったりしない。自分の陥った禍《わざわ》いから、肉体的の傷害しか感じない。そして、彼の受ける打撃が彼の身を傷つけようとしてもむだで、その一つたりと、彼の心臓までは達しない。

ここまで到達したというのはたいしたことだ。しかし、これだけではいけない。ここでとどまっていれば、なるほど、悪を切り取ったかもしれないが、禍根を残すことになる。なぜなら、この禍根はわれわれに無関係な存在の中にあるのではなくて、われわれ自身の中にあるからだ。そこで、われわれの中から、これを完全に抜き取るように、もう一奮発しなければならない。僕がようやくわれに返って、完全に悟りえたのは、実にこのことだったのである。僕は自分の身に起る出来事に、説明を与えようとしたのだったが、そのあらゆる説明において、僕の理性は不合理しか示さないので、僕には初めて理解できたのだった。——あれら万事の原因や手段や方法が僕に未知で不可解である以上、それらは僕にとって零《ゼロ》であるべきはずだったということが。何らの方針も、意図も、道徳的根拠も仮定すべきでない純然たる宿命の仕業《しわざ》として、僕はおのれの運命のあらゆる細部を見るべきだったということが。何をするもむだだから、文句もいわず、反抗もせず、おとなしく自分の運命に服従しなければならなかったことが。この地上でなお僕のすべきことがあるとすれば、それは純粋に受身の存在として、自分を見ることである以上、自分の運命にむだに逆らおうとして、運命に耐えるべくいまだ残っている力を乱用すべきではないということが。こう僕は自分に言ってきかせたのだった。僕の理性と心情はそれを承知したのだった。それにもかかわらず、まだ僕の心が不平をこぼすのを、僕は感じたのである。この不平はどこからくるのか？　僕はそれを探求し、発見した。それは、彼ら人間に対して憤慨したあとで、まだ理性に対して激昂している自惚《うぬぼ》れからきていたのである。

この発見は、人が思うほど然《しか》く生やさしいものではなかった。なぜなら、罪なくして迫害を受けた者は、微々たる一個人の矜持《きょうじ》を、純然たる正義愛だと、長いあいだ思いこんでいたからである。しかし、こうしてその真の源泉がわかってしまえば、その水を絶つことは、少なくとも、その方向をかえることは平易だ。自己尊重は、高潔な精神をもった人々の最大の原動力である。錯覚の多い自惚れは、変装して、この自己尊重になりすます。しかし、ついにはこの欺瞞《ぎまん》がばれて、自惚れが隠れていられなくなれば、もうそのときは恐《こわ》がることはない。息の根を絶つのは骨が折れても、抑えつけるくらいはわけないのだ。

僕は自惚れる傾向を、決して多分にもっていたわけではなかった。しかし、この後天的の欲念は、浮世にいた時分、とりわけ僕が作家だった時分、僕のなかで昂《たかぶ》ったのだった。おそらく僕は他の人よりはずっと少なかったろうと思うが、それでも非常にもっていた。僕の受けた恐るべき懲戒が、ほどなく、その蔓延《まんえん》していた自惚れを以前の限界内に閉じこめたのだった。最初それは、世評の不当に対して反抗したものの、終《しま》いはそれを軽蔑《けいべつ》するようになった。自惚れは僕の魂に閉じこもり、自惚れの要求をそそるような外的関係を絶ちきり、比較や順位を放棄することによって、僕が自分に対して善良であるというだけで満足するようになった。そこで、自惚れはふたたび自愛となって、自然の秩序の中にもどり、世評の枷《かせ》から僕を解放してくれたのである。

そのときから、ふたたび僕は心の平和と、至幸至福とさえ言えるものを見いだしたのだった。なぜなら、人がたえず不幸であるというのは、どんな境遇にあっても、ただ自分だけによるものだからである。その人が黙しているとき、そして、理性が口をきくとき、しまいに理性は、われわれとしては避けようもなかったあらゆる厄災を紛らわしてくれるのである。厄災がわれわれに直接にはおよばないくらいまで、理性はそれを殲滅《せんめつ》してさえくれるのである。なぜなら、厄災のことなど気にかけなくなれば、そのときこそ、それの最も猛烈な打撃を避けること確実だからである。厄災はそれを考えない人にとっては何物でもないのだ。自分の受けている厄災のなかに、苦痛のみを見て、意図を見ない人にとっては、侮辱も、復讐《ふくしゅう》も、不公平も、凌辱《りょうじょく》も、不正義も何物でもないのだ。

みずからを尊重しているゆえ、他人にとり入って尊重されるにおよばない立場にある人にとっては、何物でもないのだ。彼ら人間が僕をいかように見ようと欲しても、彼らは僕の存在を変えることはできまい。彼らの権力をもってしても、彼らのあらゆる陰険な陰謀をもってしても、彼らが何をなそうが、彼らにはおかまいなしで、僕は、このままであることを続けるだろう。僕に対する彼らの仕打ちが、現実の事態に影響するのは事実である。彼らが僕と彼らの間に築いた障壁は、僕の老年と窮乏の時代において、物質と幇助《ほうじょ》の一切の手段を僕から奪い取るのである。この障壁は金銭をさえ無用なものにしてしまう。金銭は僕に必要な用をたしてくれられなくなったので、もはや、彼らと僕との間には、取引も、相互扶助も、通信もないのである。彼らのなかでただ一人きりになった僕に、資本としては自分一個があるだけであり、しかもその資本は、僕の年齢では、また今のような状態では、実に微々たるものなのだ。たしかにあの厄災は大きかった。しかしそれも、僕が平気でそれに耐えられるようになってからは、そのことごとくの力を失ってしまったのである。真の窮乏を感じさせるような場合は、つねに稀《まれ》なものである。予想や想像が、かえってそのような場合を増加するのである。そして、かかる感情の継続のため、人は不安になったり、不幸になったりするのである。僕は明日の苦労などくよくよ考えてみてもしかたない、ただ、きょう苦しまなくて、安閑としていられればそれで結構だ。僕は予想する苦痛など平気で、ただ現に感ずる苦痛だけに心を痛める。一人ぼっちで、病気して、寝床の中に見すてられて、心配してくれる人もなく、僕は貧窮と寒さと飢えで死ぬかもしれない。しかし、僕が自分で自分を心配しなくたって、自分の運命のことなど、他人が思うくらいしか思っていなくたって、かまわないではないか？　ことに僕のような年齢になると、生と死を、病気と健康を、富と貧を、名誉と恥辱を、同じような無関心の目で見ることに慣れるよりほかないのではないか？　他の老人たちは何ごとにもくよくよするが、僕は何一つ心配しない。何ごとが起ろうが、僕は無関心でいられる。そしてこの無関心は、僕の叡知《えいち》のいたすところではなくて、僕の敵がつくってくれたもので、こうしてはからずも、彼らが僕になす悪事の償いになったのである。苦難に対して僕を無感覚にすることによって、彼らが僕に苦難の打撃を見のがしてくれたよりは、かえって僕に善いことをしてくれたのである。苦難を受けなければ、僕はいつもそれを恐れていたことだったろう。それだのに、今ではそれを征服して、恐れずにいられる。

かかる心境が、難渋をきわめた生活のただ中にあるときでさえ、僕を、僕の天性である油断に陥《おとし》れること、あたかも僕が最も完璧《かんぺき》な繁栄の中に生きていたときとほとんど同然といっていい。対象を見せつけられて、いやおうなしに最も悲痛な不安に襲われた短い時日を除けば、それ以外のときは、もともと僕の性質上、僕をほろりとさせる愛情には溺《おぼ》れがちの心は、今もって、それなしには生きてゆけないような、ある種の感情によって養われるのである。そして、かかる感情を生み、そして、それを分ち与える架空の存在と一緒に、あたかもその存在が実存しているかのように、僕はそれらの感情を楽しむのである。かかる存在を創《つく》りあげた僕にとっては、彼らは存在しているのである。彼らが、僕を裏切ったり、見捨てたりする気づかいはない。彼らは僕の不幸そのものと同じくらい永続するであろうし、僕にせめてその不幸を忘れさせてくれるだろう。

一切のものは、僕を、幸福な、甘美な生活にたち返らせる。そのような生活にふさわしく僕は生れついたのだから。僕は今後の生活の大部分を過す。――精神と感覚を気持よく任せられるような、教育的で、しかもこころよい物象に没頭して。あるいは、自分の心にかなって創りあげた空想の子供たちとたわむれ、彼らと交わることによって心に感情をはぐくんで。あるいは、自分自身に満足し、そして、自分にふさわしい幸福ですでに満たされている僕は、ただ自分一人を相手にして。こうして僕は日々の生活の大部分を過すのだが、そのいずれにしても、僕自身への愛が主動的で、自惚《うぬぼ》れはさらに入ってこない。僕が彼ら人間の間にたちまざり、陰険な愛撫《あいぶ》や、仰々しい嘲弄《ちょうろう》的な称讃《しょうさん》や、甘言の下に隠された悪心の玩弄物《がんろうぶつ》になって過す、そのような悲しむべきときはもうこれでなくなったのだ。人なかにいれば、どうしても自惚れが活動をはじめる。この野卑な外被を通して、僕が彼らの心中に憎悪《ぞうお》と怨恨《えんこん》を見るとすれば、それらは僕の心を苦痛で引裂いてしまう。そして、かく愚かしくも間抜けにされたという考えは、さらにこの苦痛に、実に子供っぽいくやしさを加える。これはばかげた自惚れの所産で、僕にはその愚劣さがわかっていながら、制することができない。このような侮辱的な、嘲弄的なまなざしに慣れるため僕のはらった努力は、じつに並々ならぬものだった。この残酷な争闘を練習しようと、ただその目的で、僕はいくど公共散歩場や、人通りのはげしい場所を歩いたかしれない。僕はそれに成功しなかったのみでなく、少しの進歩さえなかったのである。そして、僕のこの苦しい、しかし、むだな努力のあげく、僕はすぐめちゃくちゃになり、心を痛め、憤激することに従前とかわりはなかったのである。

何をしたところで、僕は自分の感覚機能に支配されて、その影響に抵抗することは絶対にできなかった。そして、対象物が感覚機能に働いているかぎり、僕は痛心する。それにしても、この一時的の痛心は、それを惹起《じやつき》する知覚と同じだけしか継続しない。きらいな人が目前にいれば、僕は激しく痛心する。しかし、彼がいなくなると、痛さはやむ。僕が彼をもう見なくなれば、僕は彼をもう考えなくなる。彼は僕にこだわろうとしているのを僕が知ってもむだで、僕のほうは彼にこだわりはしないのだ。僕がいまのいま感じない不快は、決して僕の心を痛めることはない。僕が目前に見ない迫害は、僕にとっては無である。このような立場は、僕の運命を処理する人々を有利に導くかもしれない。それならそれで、勝手に処理するがいい。彼らの打撃を防ごうと、いやでも彼らのことを考えねばならぬよりは、彼らが手応《てごた》えなしに僕を苦しめるほうがよっぽどましなのだ。

僕の心におよぼすこの感覚機能の作用が、僕の生活を苦しめる唯一《ゆいいつ》のものとなっている。誰もいない場所に行くと、もう僕は自分の運命のことなど考えない。もうそれを感じない。もう苦しまない。僕は幸福である。気がかりもなく、障害もなく、満足である。しかし、何か感覚にふれる傷害にあうと、もうそれからめったにのがれられない。そして、僕の念頭にほとんどないような場合でも、忌《いま》わしい身振りやまなざしに気づいただけで、毒のある言葉を一語聞いただけで、悪意ある人に出会っただけで、ただそれだけで僕は転倒してしまう。このような場合、僕にできうることといえば、早く忘れることであり、逃げだすことなのだ。僕の心の混乱は、それを惹起した対象物とともに消える。そして、僕が一人になると、すぐまたもとの静安にもどる。もし僕の気にかかることがあるとすれば、何か痛苦の新しい種に、通りすがりに、出会いはせぬかという危惧《きぐ》くらいのものだ。これが唯一の悩みだが、しかしこれとて、僕の幸福を変質させるだけの力はある。僕はパリの真ん中に住まっている。家を出ながら、心はしきりに田野や寂寞《せきばく》にあこがれる。しかし、それにはずいぶん遠くまで行かねばならないので、そこでゆっくり呼吸することができる前に、まず途中で、心をしめつけるいろいろの物に出会うのである。そして、自分の求める隠れ場所にたどり着くまでに、一日の半分はこうして苦悩のうちに過ぎる。しかしともかく、人々が僕の道中を妨げなかったら仕合せというものだ！　悪者の行列から免れるときなど、じつに気持がいい。そして、緑のさなかで、樹々《きぎ》の下にいると、まるで地上の楽園にでもいるような気がする。そして、僕が人間じゅうでの最幸福者ででもあったような、激しい内面的な快楽を味わう。

僕の短かった繁栄の間は、この同じ孤独の散歩が、今日ではこのようにこころよいのに、味気なく、退屈なものであったことをまざまざと思い出す。僕は田舎《いなか》のある人の家にいた時分、運動をしたり、大気を呼吸したりする欲求にかられて、よく一人で外出したものだった。そして、まるで泥棒のように脱走して、公園や田野を歩きまわったものだった。それだのに、今日あるような幸福な静けさの中にあるどころか、サロンの中で僕をとらえていたくだらぬ騒々しい想念を散歩にも連れだすのであった。そのころの交友の思い出はいつまでも残って、その後も僕の散歩につきまとってきたのだった。人気《ひとけ》のない里にいても、自惚れの湯気と、浮世の喧噪《けんそう》が、眼にうつる木立《こだち》のすがすがしさをくもらせ、閑居の平和をみだす。僕は森の奥に逃げてもむだだった。うるさい群集がどこへ行ってもついてきて、一切の自然を僕にかくしてしまう。僕は社会の煩悩《ぼんのう》と、彼らの浅ましい行列から脱走して、やっと初めて自然を、そのすべての美しさとともに見いだしたのである。

まずこうして最初に起る無意識の衝動は、抑えがたいものであることがわかったので、僕はそれに対するすべての努力をよしたのである。打撃を受けるごとに、血の沸きたつままに放っておく。憤怒《ふんぬ》と激昂《げっこう》が僕の感覚機能を占領しても、そのままにさせておく。いかに全力を尽しても、阻止しようも、停止しようもないこの最初の爆発を自然の成行きに任すのである。ただ、この爆発が何らかの結果を生じないうちに、それにつづく爆発を阻止することに努めるだけである。眼はかっと輝く、顔はほてる、手足はふるえる、息づまるように胸さわぎがする。いずれも肉体上のことだけで、そこに推理はいささかも関与しないのである。しかし、人はその最初の爆発を自然の成行きに放置すると、そのうち、徐々に自分の感覚を回復して、自分自身を完全に取りもどすことができるようになるものである。これは僕が長い間やろうとしてうまくゆかなかったことだが、どうやら、前より具合よくゆくようになった。そして、自分の力をくだらぬ抵抗に費やすのはやめ、理性を働かせてうち克《か》つ潮時を待つのである。なぜなら、理性は傾聴してやらなければ、僕にささやかないから。ええ！　なんだと？　さて、さて！　僕の理性だと？　理性にこの勝利の名誉を与えるのは、またしても、大きな過誤であるかもしれない。なぜなら、理性はこの勝利になんら与《あずか》っていないから。すべてやっぱり、激しい風が吹けば激動するが、風がなりやめばたちまち静寂にかえるという変りやすい性分からきているのだ。僕を激動させるのは僕の熱烈な天性である。僕を鎮《しず》めるのは僕の呑気《のんき》な天性である。僕は現に起っている衝撃には何にでも負ける。どんなショックも僕に激しく短い動揺を与える。ショックがなくなれば、動揺はやんで、その波動の微小だに僕のように長く残ることはありえない。どんな有為《うい》転変も、彼ら人間のどんな陰謀も、このような出来の男には手がかりがないというものだ。持続的の苦痛を僕に与えるためには、印象が時々刻々に新たにされる必要がある。なぜなら、中休みの間があると、それがいかに短くとも、その間に本来の自分にもどれるからだ。彼ら人間が僕の感覚機能に働きかけうるかぎり、僕は彼らのお好みどおりになるよりほかはない。しかるに、弛緩《しかん》の第一瞬間に、もとどおり、僕は自然が欲したとおりになる。ここにおいて、人が何をなそうと、僕の状態は確固不動である。したがって、僕は運命などにはおかまいなしで、僕らしい幸福を味わう。この状態のことは、すでに「夢想」の一つで描いたつもりだ。この状態はいかにも僕の身についているので、僕はこの状態の持続以外には何ごとも念じなければ、それをみだされる以外には何ごとも恐れないほどだ。彼ら人間が僕になした害悪は、どんなふうにも僕を傷つけない。今後も彼らは僕に害悪をするかもしれぬという危惧《きぐ》のみが、僕を動揺させうるのである。それにしても、不易《ふえき》の感情で、彼らが僕を痛心させうるような新しい手がかりを持っていないのは確実だから、僕は彼らのことごとくの陰謀を嘲《あざけ》ってやるのだ。そして、彼らなどにはおかまいなしで、僕は自分で自分を楽しむのだ。

第九の散歩

幸福というのは、一つの不易の状態であるが、かかる状態は、この世では人間にとって誂《あつら》えむきにできていないらしい。地上にある一切は不断の変転のなかにあって、不変の形体をとることは何物にも許されないのである。われわれの周囲の一切のものは変化する。われわれ自身が変化する。そして、きょう愛するものを明日も愛するであろうなどと、いかなる人といえども確信することはできまい。かようにして、現世の至福を求めようとするわれわれの計画はすべて妄想《もうそう》でしかないのだから、精神の満足が得られるときには、のがさずそれを有益に使おう。迂闊《うかつ》にもそれを疎《うと》んずるようなことはしまい。それにしても、それを縛りつけておこうなどいう量見は起さぬことだ。そんな量見は実にばかげているので。僕は幸福な人間というのをめったに見たことがない。おそらくは一人も見なかったろう。しかしながら、心の満足している人々ならしばしば見た。そして、僕を感動させたあらゆる対象の中で、僕自身を最も満足させたのは、実にこういう人だったのである。これは、僕の内部的感情を支配する、感覚の権力の自然的結果であろうと思う。幸福は外部的の目印をもっていない。幸福を識別するには、幸福な人の心中を読まなければならない。ところが、満足は、眼に、容貌《ようぼう》に、語調に、足どりに読みとられる。そして、その満足に気づく人にも、それは伝播《でんぱ》するように思われる。祭の日に、人々がみな歓喜にひたっているのを見るくらい楽しいものはないではないか？　人生の雲間を、あわただしく、しかし生々と過ぎ去る歓楽の充溢《じゅういつ》した光線に、人々の心が湧《わ》きたつのを見るくらい甘美な悦《よろこ》びはないではないか？……………………

三日前のことだが、P氏が、ダランベール氏の書いた「ジョフラン夫人礼讃《らいさん》」を、ご丁寧にもわざわざ僕のところへ見せに持ってきてくれたのである。P氏はそれを読んで聞かすにさきだって、この冊子の滑稽《こっけい》な新造語や、また、彼に言わせれば随所にあるという剽軽《ひょうきん》な言葉の遊戯のことで、いつまでも大声をたてて笑っていた。それから彼は読みはじめたが、相変らず笑っている。僕がしかつめらしく傾聴しているものだから、相手も落着いてきた。そして、僕が彼に倣《なら》わないのを見て、しまいには笑いやんだ。編中、もっとも長々しくて、急所と思われる記事は、ジョフラン夫人が児童を見、児童にお喋《しゃべ》りさせる愉楽におよんでいる個所だった。作者が、このような嗜好《しこう》から善良な天性の証明を引出すのは結構なことである。しかし、作者はこれだけに止《とど》まっていなかったのである。これと同様の趣味を有せない人々を、悪い天性だとし、邪性だとして、断乎《だんこ》と非難しているのである。絞首台《こうしゅだい》や車裂きの刑場に連れてゆかれる者たちに、もしこの点について質《ただ》したとしたら、おそらく彼らのことごとくは子供を愛さなかったことを認めるであろうとさえ、極言しているのである。このような断言は、それが言われている所が所だけに、実に奇妙な印象を与える。言っていることはすべて正しいと仮定しても、ここでそのようなことを言う場合であろうか？　刑罰や悪人を引出してきて、尊敬すべき婦人の礼讃を汚《けが》す必要があるであろうか？　僕にはこの腹黒い虚飾の動機がすぐわかった。そして、P氏が読み終ったとき、この礼讃の中でいいと思った個所を指摘しながらも、作者はこれを書くにあたって、友情よりも憎悪《ぞうお》のほうを多く心にいだいていたことを付言したのである。

翌日は、少し寒かったが、天気はよかったので、士官学校まで歩いてゆくことにした。そこへ行けば花の咲いている苔《こけ》も見つかるだろうと思って。歩きながら、僕は前日の訪問や、ダランベール氏の書き物のことを考えてみた。あの中に混入している挿話《そうわ》的な枝《し》葉《よう》は、計画なしに入れられたものでないことを、僕はよく考えてみた。人々は僕に何ごとも秘しているのに、その僕のところにこの冊子をわざわざ持ってきてくれたというその虚飾だけで、その目的が那辺《なへん》にあるかはおおよそ見当がつく。僕は自分の子供たちを孤児院に入れたのである。これだけのことで、僕は残忍な父親にされてしまったのだ。そしてここから、人々はこの考えを拡《ひろ》げ、助長していって、僕は子供をきらいだという明白な帰結を徐々に引きずり出したのである。かかる漸進法の連鎖を胸に浮べ、辿《たど》ってみるに、人間の巧知が、どれほど巧みに、物ごとを白から黒にかえうるかにただ感嘆するよりほかはなかった。それというのも、かわいい坊やたちが、遊びたわむれているのを見るのが、僕くらい好きだった人間があろうとは思われないから。そして、往来や散歩場などで、僕はよく立ち止っては、彼らのいたずらやかわいい遊戯に見入り、誰にも起らないほどの興味をおぼえるのだから。げんに、P氏が来たその日も、彼の訪問の一時間前に、スウソワの二人の坊やの訪問を受けたのである。これは僕のいる宿の主人の末のほうの二人の子供で、上が七つにはなっていよう。彼らは本当の真心から僕に接吻《せっぷん》しにやってきたのである。また僕もやさしく彼らに愛撫《あいぶ》を返してやったわけだが、年齢の相違にもかかわらず、彼らは僕と一緒にいるのが心から楽しいらしかった。また僕のほうも、自分の年とった顔が彼らをいやがらせなかったことを知ると、とても嬉《うれ》しくなってしまった。弟のほうでさえ、自分から僕のところへ来たらしく、それがわかるともうそれだけで、彼らよりもっと子供の僕は、早くもこの子に別して愛着を感ずるのだった。そして、この子が去ってゆくのを見ると、まるでわが子ででもあるように、名《な》残《ご》り惜しくてしかたなかった。

僕が子供を孤児院に入れたという非難は、わずかな言い回しから、残忍な父親だとか、子供がきらいだとかいう非難にすぐ悪化したのだということがわかる。しかしながら、このような行動を僕に決心させた一番のことは、これをしなければ、子供たちにとって千層倍も悪くなる運命、この方法以外には避けがたい運命を恐れたためだった。かりに僕が、子供たちの行く末にもっと無関心だったら、それに、どっちみち自分の手で育てることはできぬとすれば、僕のような境遇では、子供を甘やかしてしまう母親の手や、子供を奇形児にしてしまう母親の家庭に委《ゆだ》ねたはずだった。そんなことをしたら大変だった。思っただけでもぞっとする。そしたら、僕の場合、人々が僕の子供たちをどんなふうにしてしまったか、それはおそらくマホメットがセイドを台なしにしたくらいではなかったろうと思う。そして、このことについて、その後、人々が僕に罠《わな》を仕掛けたことを見れば、その計画が前から仕組まれていたことがわかる。実のところ、当時の僕はこのような残酷な陰謀を予知するどころではなかったのである。それどころか、子供たちにとって最も危険の少ない教育は、孤児院のそれだということを知っていたのである。それで僕は彼らをそこへ入れた。もしそういう事情なら、僕は今でもやっぱり、前ほどの危惧《きぐ》さえなくてそうするだろうと思う。そして、たとえ習慣が天性を助けることのいかに微小であったにせよ、僕くらい子供らに親切だった父親はなかったろうと思う。

僕が人間の心を知るうえにおいていくばくかの進歩をしたとすれば、子供を見たり観察したりする楽しさが、僕にこの知識を得させてくれたのである。この同じ楽しさが、青春時代においては、人間の心を知るうえに一種の障害になっていたのだった。というのは、そのころの僕は、子供たちと一緒になって、あまりにも楽しく、嬉々《きき》として遊んでいたので、彼らを研究することなど念頭になかったのである。しかし年老いるにしたがって、僕の老いぼれ顔が彼らを不安にするのを見たとき、僕は彼らの邪魔するのを差控えたのである。僕は彼らの歓《よろこ》びをみだすよりは、自分の楽しみを断念するほうがよかったのである。そこで、彼らの遊戯や、他愛のないいたずらを見て楽しむだけで、甘んじたのであるが、はからずもこの観察によって、これまでわが国のいかなる学者も何ら知るところのなかった、自然からくる、最初の真の動作について大いに啓発されたので、これによって僕は、自分のはらった犠牲の償いをしたわけだった。僕がこの調査に没頭したこと、それも楽しかったので、つい綿密にやったという証拠は、これを自分の著書の中に記入しておいたつもりである。それにしても、「新エロイーズ」や「エミール」が、子供を愛さない男の作物であるなどとは、とうてい信ずべからざることであろう。

もともと僕には頓才《とんさい》などなかったし、また、喋《しゃべ》るのもなめらかにゆかなかった。しかも、不幸以来、僕の舌と頭はいよいよもつれてきたのである。思念も、適当な言葉も、双方とも僕から逃げていってしまう。ところが実は、人が子供に話しするときほど、正しい言葉の選択や見わけが必要なことはないのである。この混乱を僕のうちに一層増大するのは、聞く側の子供たちが特別注意をはらっていることである。つまり彼らは、相手の大人が特に子供のために物を書いている以上、神託かなにかのように白分たちに話してしかるべきだと思いこんでいるので、その大人の口から出るあらゆる言葉に、法外の重要性と解釈を与えるのである。この極端な苦境と、みずから知っている無器用が、僕をまごつかせ、当惑させる。それで、なんとかお相手をしていなければならない子供といるよりは、アジアの王様と対坐《たいざ》しているほうがよっぽど安気《あんき》だろうと思う。

もう一つ別の不都合が、今では僕を一層彼らから遠ざけている。不幸以来、やっぱり、僕は同じ歓びをもって彼らを見てはいるが、同じ親しみを彼らに対してもつことはできなくなっている。子供は老人を好かないものである。おとろえた自然の姿は、彼らの目にはきたならしく映るのである。彼らの嫌悪《けんお》に気づいて、僕は心を痛める。そして、彼らを困らせたり、いやな思いをさせたりするよりは、彼らを愛撫《あいぶ》するのを差控えたほうがよっぽどいいと思う。真に情け深い心にのみ働くこのような動機など、われわれの学者先生や女史にはどうでもいいのだ。ジョフラン夫人などは、自分が子供たちと一緒にいて楽しくさえあれば、子供たちが自分と一緒にいて楽しいかどうかは、ほとんど意に介さないのである。ところが、僕にとっては、このような快楽は無価値以上に悪である。このような快楽は、それが与《とも》にされない場合は否定的なのだ。僕はいまさら、僕の心とともにあって、子供たちの小さな心の花開くのが見られる、そんな境遇でも年齢でもないのである。まあもしそんなことが今後あるとすれば、その歓びは一層稀《まれ》になっているだけに、僕にとって一層激しい歓びであろう。現にこの間の朝、僕はスウソワの坊やを愛撫してやって、そのような歓びを経験したのだった。それも、彼らを連れてきた女中が、僕に任せきりにしたばかりでなく、また彼らと一緒だと日ごろの苦労を忘れるからばかりでもなかった。それにもまして、僕に歓ばしかったのは、僕のほうにやってきたときの嬉しそうな様子が、いつまでも彼らから消えなかったからであり、彼らが僕のそばにいても、いやでも退屈でもないらしかったからだった。

ああ！　まだ涎《よだ》れかけをしているような子供からでもいい、せめて心から湧《わ》く清らかな愛撫の数時が、もしまだ僕にあるとすれば、僕とともにいることの歓びと満足を、もしまだある人々の目の中に見ることができるとすれば、おのずと僕の心にわく短いが甘い感情の流露が、どれほど厄災や苦悩の償いをしてくれるだろうに。ああ！　そしたら、あれ以来、僕が人間の間で拒否されてきた好意のまなざしを、なにも動物の間に捜すこともなかったろうに。僕が人間から愛想をつかされたと思われる例は、ごく少数ではあるが、いつも僕の記憶に残っている。これから語るのも、そういう例の一つである。これなども、もし僕が別の状態にあったら、完全に忘れ去っていたろうが、それが僕に与えた感動は、実に僕のあらゆる惨《みじ》めさをそのまま表現しているといっていい。

二年前、ヌーヴェル・フランスの方へ散歩に行った折、僕はその先まで足をのばした。ついで、左の方向に行き、モンマルトルを一周しようと思って、クリニャンクールの村をよぎった。僕はただぼんやりと、物を考えながら、あたりを見もせずに歩いていたのだが、いきなり、膝《ひざ》をつかまえられたような気がした。見れば、五、六歳の小さな子が、力いっぱい僕の膝をおさえながら、しきりに僕を見ている。その様子がいかにもなれなれしく、あどけないので、僕は心を動かされた。自分の本当の子供だってこうはしてくれまい。と、こう僕は心の中で言ったものだ。僕はその子を腕に抱きあげると、気もそぞろに、何度も接吻をしてやった。それから、僕はまた歩みつづけた。歩きながら、何か物足りないものがあるような気がした。一つの新しい要求が、僕を後に引返させようとするのだった。僕はあの子とあんなにあわただしく別れてきたことが心に咎《とが》めてきた。あの子のあの明白な原因のない行為の中には、なにかしら、ばかにはできない霊感でもあるように思われた。つい誘惑にまけて、僕は引返した。僕は子供のところへ駆け寄ると、またしても彼に接吻してやる。それから、運よくそこを菓子屋が通りあわせたので、ナンテールのパン菓子が買えるだけのお金をやる。それから、何かお喋《しゃべ》りさせようと試みた。僕はお父さんはどこにいるかとたずねた。子供は桶《おけ》の箍《たが》をはめている男を指《さ》し示した。その男のところへ行って話してみようと、子供を離れかけたちょうどそのとき、僕は人相の悪い男に先を越されたことを知ったのである。僕をつけているように誰かが回された探偵とおぼしきその男が、父親に耳うちをしている間に、その桶屋のまなざしは、親しみの色を示すことなく、じっと僕に注がれていたのである。これを見ると、僕の心はたちまちしめつけられた。そして、さっき引返したとき以上に急遽《きゅうきょ》としてこの父子のもとを離れた。しかも、さっきのようには楽しくない一種の混乱のため、今までのせっかくの気持を台なしにされて。それにしても、僕はこれ以来、あのときの気持がときどきよみがえってくるのを感ずるのだった。それで、またあの子に会えはしないかと、幾度かクリニャンクールを通ってみたものだった。今ではもうこの邂逅《かいこう》から、たった一つの思い出しかにも二度と会わなかった。そして、今でもそれきり、あの子にも父親残ってない。それはちょうど、今もってときおり、僕の心底まで滲《し》み入るあらゆる感動に似て、いつも優しさと悲しみの混じている、かなり激しい思い出である。

何ごとにも償いというものはあるものである。よし僕の楽しみごとが稀になり、短くなったとしても、たまにそれが出現すると、慣れていた時分よりはずっと激しく味わうことができる。何度となく思い出すことによって、いうなら、反芻《はんすう》するのである。それで、それがどんなに稀であっても、純粋で、混り気さえなかったら、僕はきっと、ときめいていた時分よりは、幸福だろうと思う。非常に困窮しているときは、少しのもので金持になったような気がする。一エキュにありついた乞食《こじき》は、黄金の財布を得た金持よりは感動する。僕が迫害者の見張りをくぐって、やっと盗み取ることのできる、こんな零細な楽しみごとが、僕の魂にどれだけの感動を与えるかを知ったら、きっと人々は笑うことだろう。そんな気持のいい楽しみごとのうち一つ、これは四、五年も前のことだが、僕は思い出すごとに、それを実に上手に利用したことが嬉しくてならない。

ある日曜日、妻と僕とがマイヨオ市門へ昼食をたべに行ったときのことである。昼食をすますと、僕たちはブーローニュの森をよこぎって、ミュエートに出た。ここで僕たちは日陰の草の上で休むことにした。日が傾くまでここにいて、それからパッシイを通って、ゆるゆる家に帰ろうと思ったのである。二十人ばかりの少女たちが、尼さんらしい女に引率されて、僕たちのいるかなり近くにやってきた。おとなしく草の上で休んでいるのもあれば、ふざけまわっているのもある。ちょうど少女たちが遊んでいるところへ、捲煎餅《ウウブリ》売りが、例の太鼓と籤《くじ》を引く道具を持って、客はないかと物色しながら通りあわせたのである。少女たちが捲煎餅が欲しくてならないことは、ひと目でわかった。げんにいくばくかの小銭を持っているらしい二、三の少女は、籤を引く許可を願い出たのである。監督者が決しかねて、何やら詮議《せんぎ》しているすきに、僕は捲煎餅売りを呼んで、こう言ったのである。「あのお嬢さんたちに、めいめいみんなに引かしてあげておくれ。代金は全部自分が払うから」。この言葉は、その群れ全体に大きな歓喜をまきひろげたのだった。この歓喜を見ただけで、よし財布のお金をすっかりはたいたところで、それ以上のことはあったろうと思う。

監督者のお許しが出ると、少女たちはどっと押し寄せたものだから、僕はまず彼女たちを全部一方の側に整列させ、引いた者から順に向う側へ移るようにさせた。空籤はなくて、いちばん悪い者でも一枚の捲煎餅はついたので、絶対的に不満足な者はひとりも出ないはずだが、それでも僕はこの遊びを一層愉快にしようと思って、捲煎餅売りにそっと言って、反対の意味における例のずるい手を使ってもらって、できるだけいい籤のあたるようにし、その埋め合せは自分がすることにした。この手筈《てはず》のため、少女たちはめいめいが一度しか引かなかったが、百枚ちかい捲煎餅が当ったのである。これというのも、僕は弊害を助長することも、不満足を生じやすい甲乙をつけることも欲しないので、この点非常に厳正だったからである。妻はいい籤が当った少女たちに、お友達へ分けてやることをそれとなく薦《すす》めた。このために、分け前はほとんど公平になり、歓びはより一層全般的になった。

最後に、僕は尼さんにも引くようにと言ったが、じつは、僕の申し出などそっけなくはねつけはしないかと心配だった。ところがこころよく承諾してくれ、自分も寄宿生たちなみに引いて、当った分を遠慮なく取った。僕は彼女に無量の満足をおぼえた。そして、そのやり方に一種の礼儀を見いだしたのだった。これは実に気持よかったし、それにどうやら、それは思いがけぬ愛嬌《あいきょう》にもなっていた。こんなことをしている間に、争いごとが起って、その裁《さば》きが僕のところへ持ってこられた。それらの少女たちが順ぐりに僕のところへ訴えにくるのを見て気づいたのだが、顔の奇麗な少女は一人もいなかったが、ある少女たちの可憐《かれん》さは、顔のきたないことなど忘れさせるほどだった。

とうとう、僕たちはたがいに非常に満足しあって、別れた。この日の午後は、僕が最上の満足をもって想起する一生の思い出の一つになったのである。それでいながら、この歓待で僕は身代をつぶしたわけではなかった。たかだか三十スーの費用で、百エキュ以上の満足が得られたわけだった。実際、楽しみは費用の如何《いかん》にかかわらないものだし、また、歓びは金貨よりも銅貨の友達であることは事実である。僕はあのかわいい群れにまた出会いはせぬかと、あの同じ場所へ同じ時刻に幾度も行ってみたが、ついぞあんなことは二度となかった。

それにつけても、これとほぼ同じようなもう一つの楽しみごとが思い出される。ただこの思い出は遥《はる》か昔に溯《さかのぼ》る。それは、僕が金持や文学者の間に取りいって、往々、彼らと浅ましい快楽をともにせざるをえなかったあの憫《あわ》れむべき時代だったのである。僕はシュヴレートにいたときのことで、ちょうど、家主の誕生日だったのである。この祝いで一家眷属《けんぞく》がことごとく集まっていた。景気をつけようと、にぎやかな楽しい催しごとが行われた。見世物、宴会、花火、無いものなしだった。人々は息つく暇もなく、興ずるどころか、呆然《ぼうぜん》としてしまった。昼食後、人々は並木道へ息ぬきに出かけた。ここには市《いち》のようなものができていた。村人は踊っていた。紳士たちは平気で百姓女と踊ったりしたが、淑女たちのほうは相変らずすましていた。ちょうど、香料パンを売っている者があった。一行中の一青年が、急に思いついて、それを買うと、群衆の上に一つずつ投げたものだ。すると、それを拾おうと、居合せた田舎者どもがわれ先に飛びついたり、もがいたり、ひっくりかえったりする。それが実に愉快なので、他の人たちもみな自分でやって、この愉快を味わおうとする。香料パンは右に左に飛ぶ。すると、男の子や女で採集した植物を眺《なが》めることによって、たえず新たにされるのであったとしたら、きっとあの森、あの湖水、あの繁《しげ》み、あの岩、あの山、それらの眺望《ちょうぼう》に接することはないだろう。そういったただ一つの楽しい国々を駆けめぐることができなくなった今日では、僕はわがえすればいいのだ。そうすれば、僕はたちまちにしてその地にある思いがすえに都合の植物の断片だけで、あの雄大な景観を想起するには十分である。この郊外へ気僕にとっては植物採集の日誌のようなものである。だからこの日誌を繙《ひもと》けば、いこいるしい魅力をおぼえながら、僕は植物採集をする思いがする。さらにまた、そのときの一りさまがまざまざと眼前に見えてくる。

僕の興味を植物学に結びつけているのは、実にこの第二義的のイデーの連結にほかならないのである。植物学は、僕のイマジネーションのために、そのイマジネーションがなお一層よろこぶようなあらゆるイデーをかき集め、想起させるのである。つまり、牧場、水、森、寂寞《せきばく》、とりわけ、平和、および、それらの中に見いだされる、安らぎ、これら一切は植物学のおかげで、僕の記憶にたえず思い浮んでくるのである。彼ら人間の迫害、憎悪、侮蔑《ぶべつ》、凌辱《りょうじょく》、また、僕の彼らに対する熱烈真摯《しんし》な愛着に彼らの報いたあらゆる厄災を、植物学は僕に忘れさせてくれる。むかし、僕が一緒に生活した人々のような、素朴で善良な人たちのいる、平和な土地に連れていってくれる。それは、僕の幼い日のことや、無邪気な楽しみごとを思い出させてくれる。人間が生きながらにして受けうる最上の悲しい運命の中にあっても、なおかつ、その昔の楽しみを味わわせ、そして、今もってしばしば僕を仕合せにしてくれる。

知っていますので、この土地で、それを食べる者など一人もありません」。僕はボヴィエ氏をかえり見て、言った。「じゃ、どうして君は注意してくれなかったのかね？——それはそうですが、と、彼は丁重な口調で答えた。わたしにはそんな失礼な真似はできません」。僕はこの軽い中食はやめにしたが、それにしても、ドーフィネー州人の遠慮ぶかさを噴きださずにはいられなかった。僕は今でもそうだが、かねがね信じていたように、自然の産物で、食べてみて気持のいいものなら、決して身体《からだ》の害になるものでない、少なくとも、度を過さなければ害になるものではないと思っている。といっても、実のところ、その日は一日、自分の身体に気をつけていた。しかし、それもちょっとの心配だけですんだのである。僕は夕飯もよく食べたし、よく眠りもし、翌朝も、大元気で起きたのだった。しかも、翌日になって、グルノーブルでみなの人たちが僕に言ったところによれば、ほんの少量だけで当るという、その恐ろしい hippophae の実は十五粒か、二十粒は呑《の》みこんだのである。僕にはこの出来事はずいぶん愉快なので、その後も思い出すごとに、弁護士ボヴィエ氏のあの奇妙な遠慮がおかしい。

植物採集に駆けまわった僕のあらゆるコース、僕の心をうった風物種々相、その地方色が僕にいだかせたイデー、その地方色と表裏一体事、これらは僕の脳裏にいろいろの印象を残したのだったが、そのかも、この地方で相当手びろく商売していることをも聞かされなある。あの美しい風景、と、われわれはその人の職業を言いあてることはできなかったろうるごとに、いつもつの事実が、旅行家のどんな記述よりも、どれほどよくスイスという国れにしても、あわからない。標本を開きさ

これと似たり寄ったりの、これもやっぱりきわめて異なった国民を知るうる。僕が摘いい事実がある。グルノーブル滞在中、僕は土地の弁護士のボヴィエ氏とよく標本は、軽な植物採集に出かけたものだった。この御仁《ごじん》はべつに植物学を好きでも、知っつも新わけでもなかったが、ただ、僕の付添役になっていたので、できうるかぎり、僕かのあ歩も離れまいと心に決めていたからである。ある日、僕らはイゼール河に沿って、棘《とげ》のある柳が一面に生えている場所をぶらついていた。僕はそれらの小さな木に熟した実がなっているのを見ると、ふと、味をみてやろうという気になった。ところが、少し酸《す》っぱいのが非常に気持よかったので、元気をつけようと、その粒々の実を食べはじめたのである。ボヴィエ氏と見れば、僕のわきに立ったきりで、僕を真似《まね》しようとも、言葉をかけようともしない。たまたま、彼の友人の一人が通り合せ、僕が果物盗みをしているのを見て、声をかけた。「もし、もし、もし、もし！　なんていうことをなさります？　その実は毒だということをご存じありませんか？——この実は毒ですって、と、僕は仰天して叫んだものだ！——もちろんです、と、その人は語をついだ。そんなことは誰だって

な気がする。ますます、実際に生きたような気がする。

すべてが僕の周囲で秩序の中におかれていた時分、僕を取巻くすべてのものに、そして、僕がその中で生きねばならなかった世界に、僕が満足していた時分、僕はその世界を自分の愛情で満たしたのだった。僕の膨脹性《ぼうちょうせい》のある魂は、他の物象の上にまで拡《ひろ》がっていった。そして、種々さまざまの嗜好《しこう》のため、たえず僕の心をとらえる愛すべき執着のため、つねに自分から遠くに引きずられていった僕は、いくぶんか、自分自身を忘れていた気味だった。僕は自分に無関係なものに全身をうちこんだのだった。僕は、自分の心の絶えざる動揺を感じつつ、人事の有為《うい》転変を知ったのだった。この嵐《あらし》のような生活は、僕の内部に平和を残さず、外部に静安を与えなかった。表面は幸福であっても、反省の試練に耐えうるような感情、そして、その中にあって僕が真に惜しみうるような感情はもっていなかった。僕は、他人にも、自分自身にも、決して完全には満足していなかった。世の喧噪《けんそう》は僕を眩惑《げんわく》させ、孤独は僕を退屈させ、たえず居所をかえる必要を感じ、そのくせ、どこへ行っても落着けなかった。僕はいたるところで歓待され、引っぱりだこにされ、ちやほやされ、どこへ行っても大切にされた。僕には一人の敵もなく、一人の悪意をもつ者もなく、一人の妬《ねた》む者もなかった。人々は僕に親切を施してくれることのみ念じていたので、僕のほうでも多くの人たちに親切を施してやるのが愉快だった。僕には財産もなく、使い道もなく、保護者もなく、豊富な、これという才能もない

第八の散歩

僕は自分の生活のあらゆる場合における魂のありようについて考察してみるに、僕の運命の種々の組合せと、その組合せが僕に感じさせた幸不幸に対する平常の感情との間に、ほとんど比例がとれていないのを知って、いまさら非常に驚かずにはいられないのである。僕の短かった繁栄の変化に富んだ期間は、その当時に僕が感じたようには、親密にも、永続的にも、なんら楽しい思い出を残さなかったのである。そして、それとは反対に、僕は自分の生活のあらゆる悲惨の中にあって、やさしい、しみじみした、こころよい感情に満たされている自分をつねに感じたのだった。そしてこの感情は、僕の痛む心の傷に有効な鎮静剤をそそいで、心の苦痛を悦楽に変えたかに思われたし、また、この感情の愛すべき思い出は、僕がそのとき受けていた厄災の思い出から分離して、ただひとりで僕のところにもどってくるのである。僕の感情は、いうなら、僕の運命によって僕の心の周囲に圧縮せられ、もう外部に向って発散しなくなった。彼ら人間の尊重する対象物――こんな物は、それだけでは何の価値もないのだが、そして、人から幸福だと言われている人間の唯一《ゆいいつ》の専念になっているのだが、このような対象物のほうに、僕の感情が発散しなくなったとき、僕はますます生きていることの甘美を堪能《たんのう》したようさせる僕の弱さを責めて、みずから慰めている。それは、最初から謀《はか》ったような悪が、僕の心に起ったことは一度もなかったからである。

それにしても、僕の境涯に少しでも思いをいたす人なら、それがよほどのはかでないかぎり、彼ら人間が僕の境涯に与えたほどの恐ろしさをそこに見ずにはいないだろう。悲痛と絶望で死ぬ思いがせずにはいないだろう。ところが、人一倍に敏感な僕は、それに思いをいたしても、感動さえしないのである。そして、闘うでもなく、我慢するでもなく、おそらく他の人ならふるえあがらずにはいられない状態の中で、僕はほとんど平気でいる自分を見るのである。

いかにして僕はこのような境地にまでできたのだろうか？　というのは、僕は始めからではなかったからだ。僕は少しも気づくことなしに、久しい前から陰謀に巻きこまれていたのだったが、それに初めて感づいたときには、このような平静な気持どころではなかったのである。この新発見は僕を転倒させた。汚辱と裏切りが不意打ちをくらわしたのだ。人間の心をもった者なら、誰がこんな種類の刑罰を予期するものか？　それに値する者でもなければ、予見することなどできないはずだ。僕は足もとに掘られてあったあらゆる陥穽《かんせい》におちいった。憤慨と、激昂《げっこう》と、夢中が僕の心を占領した。つまり、僕は途方に暮れてしまったのだ。僕の頭はひっくりかえってしまった。そして、人々がたえず僕を押しこめておいた恐ろしい暗黒の中で、もはや、僕は自分を導いてくれる光明のに、それでいて、それ相当の利得を享《う》けていたのだった。そして、僕はどんな状態の人を見ても、その人の運命が自分のよりいいとは思えなかった。それでは、僕が幸福であるために何が欠けていたのだろうか？　僕はそれを知らない。ただ、僕が幸福でなかったことは知っている。では今日、生きている人間の中で最も不幸であるために、僕に何が欠けているだろうか？　僕を不幸にするため、彼ら人間はありったけの力を使いきってしまったほどである。ところがだ！　このような哀れな状態の中にいても、なおかつ僕は、彼らのうちで最も不幸な者と、存在と運命を取換えようとは思わない。そして、一切の繁栄の中にいるあの人たちの誰であるよりは、この悲惨な境遇にいるこの自分であるほうがまだしもいいと思う。僕は自分一人になっても、実のところ、自分自身の料《しろ》で自分を養ってゆく。しかもその料は尽きることがない。いうならば、僕はただ口を動かすだけの反芻《はんすう》をしてまでも、僕のイマジネーションは涸《か》れ、イデーは消滅して、もう僕の心に食料を供給しなくなっても、自給自足でやってゆくのだ。僕の魂は僕の器官に阻《はば》まれ妨げられて、日に日に衰えてゆく。そして、あの鈍重な塊《かたまり》の重みに抑えつけられ、以前のように、その古い殻を破って、外に跳《は》ね出るだけの力がなくなっている。

　逆運がわれわれに強制するのは、実にこのわれわれ自身に対する反省である。そして、おそらくはそのために、大部分の人たちにとって、この種の反省が最も耐えがたいものになるのである。過失のほかは心に咎《とが》めることのないと思う僕としては、その過失を犯動物の研究は解剖学なしでは無である。解剖学によって、初めて人々は動物を分類したり、種類、種属を見わけたりするのを学ぶのである。彼らの習性や性質を研究するためには、禽舎《きんしゃ》や溜池《ためいけ》や動物飼養所が必要だということになってくる。彼らを僕の周囲に集めておこうというには、何らかの方法で彼らを拘束しなければならなくなる。ところが僕は、彼らを束縛する趣味もなければ、方法も知らない。彼らが自由なときに、彼らの歩度についてゆけるだけの敏捷《びんしょう》さもない。要するに、死んだのを研究したり、八つ裂きにしたり、骨を除いたり、うごめいている臓腑《ぞうふ》の中を平気で捜したりしなければならない！　解剖室というのはなんと恐ろしい装置であろう！　悪臭を放つ死骸《しがい》、汁の出ている鉛色の肉、気持の悪い腸、恐ろしい骸骨《がいこつ》！　有害な瓦斯《ガス》！　誓って言うが、ジャン・ジャックが娯楽を求めようとするのは、こんな方面ではないのだ。

輝かしい花よ、野に咲く千草百草《ちぐさももくさ》よ、涼しい木陰よ、水の流れよ、木立よ、青葉よ、来てくれ。あれらの醜悪な物で汚された僕のイマジネーションを浄化しに来てくれ。どんな大きな衝動にも反応しなくなった僕の魂は、もはや、感覚にうったえる物象によってしか感動しえないのだ。僕は感覚しかもっていないのだ。そして、もはやこの世では、この感覚を通じてしか、苦痛も快楽も僕まで達しえないのである。あたりの目に映る楽しい物象に心を惹《ひ》かれて、僕は彼らを眺《なが》める、考える、比較する、はては、自然分類することを知る、こうして僕はいきなり植物学者になってしまった。それは、自然物理学者である必要がある。苦しい、高価な実験をし、実験室で働き、多くの金銭と時間を費やさなければならない。炭や坩堝《るつぼ》や炉や蒸溜器《じょうりゅうき》の中にいて、煙や、息づまる蒸気をあびながら、つねに生命を危険にさらし、しばしば健康を害《そこな》うことは覚悟していなければならない。このような陰気な、骨の折れる仕事も、実は、知識よりも自慢がしたい場合のほうが多いのである。そして、どんな凡庸な化学者でも、おそらくは偶然に何かちょっとした化合でも発見しようものなら、自然の偉大な作用をことごとく洞察《どうさつ》したと思いこまずにはいないだろう。

動物界のほうは、これに比べれば、一層われわれの手近にある。そして、確かになお一層研究すべき価値がある。しかし要するに、この研究にも、やはりそれなりの困難や、障害や、不愉快や、苦労が伴っていなくはない。とりわけ、遊ぶにも、働くにも、他人の助力が望めない孤独者にとっては、空中の鳥を、水中の魚を、風よりも軽く、人間よりも強い四足動物を、どうして観察し、解剖し、研究し、知ることができよう？　しかも彼らときては、僕の調査に応じて自分のほうからやってくるという具合でなく、僕のほうが彼らの後を追いかけて、力ずくで従わさせねばならぬのである。いきおい僕は、蝸牛《かたつむり》や、蚯蚓《みみず》や、蠅《はえ》などを材料にすることになろう。息をきらして蝶《ちょう》を追いかけまわしたり、哀れな昆虫を串刺《くしざ》しの刑に処したり、うまく捕えた鼠《ねずみ》だの、あるいは、偶然に死んでいるのを見つけた動物の腐肉を解剖したり、こんなことで一生を過すことになろう。

れの掌中に生えている。なるほど、植物の本質的な部分を見るには、それが微細であるため、肉眼ではだめなことがあるかもしれないが、それを見せるようにしてくれる道具は、天文学の道具より遥《はる》かに扱いやすいのである。植物学は、ひまで、怠《なま》けものの孤独者にはうってつけの学問である。つまり、一本の針と一個の虫眼鏡と、これだけが植物を観察するうえに必要な全部の器具である。彼は散歩する。一つのものから他のものへと、自由勝手に渡り歩く。花に出会えば、それぞれの興味と好奇で調べる。そして、彼らの構造の法則がわかりかけてでもくると、それには非常に苦労しただけに、それだけ激しい、しかしもう苦労のない快感を、植物を観察しながら味わうのである。このひま仕事には、欲念が完全にしずまっているときにのみ感じられるような、ある一つの魅力がある。しかもそんなときは、ただそれだけで生活を仕合せにし、うるおすに十分な魅力である。ところがそこへ、地位を占めようとか、書物を作ろうとかいう、利己心や虚栄心が混ってくると、教えんがためにのみ学ぼうとすると、著述家や大学教授になるためにのみ植物採集をするようになると、あの甘美な魅力はことごとく消えうせてしまう。もはや、人々は植物の中にわれわれの欲念の具しか見なくなる。もはや、人々は植物の研究の中に、いかなる真の愉楽も見いださなくなる。もはや、人々は知ろうと欲するのではなくして、おのれの知っていることを誇示しようと欲するのである。そして、森の中にあっても、浮世の劇場にいるのと異ならず、人から拍手喝采《かっさい》されようと、ただそれを愛する新しい理由をたえず見いだすためにのみ、自然を研究しようと欲する人なら、そうならざるをえぬような植物学者に。

僕はいまさら学問をしようとは思わない。それにはもう遅きに過ぎる。それに、僕の知るかぎりでは、それほど多くの学問が、一生の幸福に寄与したとは思われない。ただ僕は、苦労がなくて味わえるような、そして僕の不幸をまぎらしてくれるような、単純で気持のいい道楽をしようというのである。費用のかからない、苦労のないことだけにしておく。つまり、しごくのんびりと、草から草へと、木から木へとぶらつき歩く。それらを調査したり、その種々の特徴を比較したり、その関係や相異を定めたりする。さては、植物の組織を観察することによって、これらの生ける機械の運行と遊戯を窺《うかが》う。ときに首尾よく、彼らの一般的法則を、彼らの種々異なった構造の理由と目的を捜しだそうとする。そして、以上のすべてを僕に楽しませてくれるものへの、感謝に満ちた感嘆の魅惑に浸ろうというわけである。

植物が、地上いたるところ、あたかも大空の星のように、惜しみなく蒔《ま》き散らされてあるのは、自然の研究への愉楽と好奇心の餌《えさ》で人間を誘っているためではないかと思われる。しかしながら、星辰《せいしん》はわれわれから遠いところにある。それに達し、われわれの手近にちかづけるためには、予備知識が、器具が、機械が、相当長い梯子《はしご》が必要である。もとより植物はわれわれの手近にある。彼らはわれわれの足もとに、いうなら、われわ

は実に奇妙なことで、自分でもわかりたいと思っている。これがはっきりしたら、僕自身を認識するうえに――そして、その認識の獲得に僕は自分の余生の閑暇を供したわけだが――きっと新たな手引きになるであろうと思う。

僕はかなり深く考えることはままあったが、心たのしく考えることはめったになく、たいていはいやいやながら、まるで強《し》いられでもしたように考えることが多かった。つまり、夢想は僕を休め、楽します。反省は僕を疲れさせ、悲しくさせる。考えることは僕にとってはいつもつらい、魅力のない仕事だった。僕の夢想が黙想に終ることもままあるが、しかしそれよりは、黙想が夢想に変ることのほうがずっと多い。そして、このような錯乱状態の間じゅう、僕の魂は彷徨《ほうこう》しつづける。そして、他のいかなる享楽《きょうらく》をも凌駕《りょうが》する恍惚《こうこつ》のうちに、イマジネーションの翼で宇宙を飛翔《ひしょう》する。

僕がこの享楽を、そのことごとくの純粋性において味わうかぎり、他の一切の専念は、僕にはつねに無意味だったのである。しかし、自分にもわからない衝動にかられて、一度、文学生活に投ずると、僕は精神労働の疲労と、不幸な名声からくる煩瑣《はんさ》を感ずると同時に、僕の甘美な夢想が、おとろえ、萎《な》えるのを感じたのだった。そしてほどへて、しかたなしに、自分の悲しい境涯に没頭せざるをえなくなったとき、もう僕はあのなつかしい恍惚状態をごく稀《まれ》にしか見いだすことができなかったのである。思えばこの楽しみこそは、五十年間、幸運と光栄のかわりになってくれ、時間以外の費用なしで、閑暇

の折々、僕を人間のうちで最も幸福にしてくれたのに。

僕は夢想にふけりながらも、不幸でいじけたイマジネーションが、ついには、その活動性を他に転ずることを恐れ、またおのれの苦痛に対する不断の感覚が、次第に僕の心をしめつけていって、最後には苦痛の重みで僕を圧《お》しつぶしはしないかを恐れなければならなかった。このような状態のとき、僕にはきわめて自然である一つの本能が起って、これが僕をして陰気くさい考えはことごとく避けしめ、僕のイマジネーションを沈黙させるのだった。そして、周囲の物象の上に僕の注意を向けさせることによって、これまで僕がマスとして、全体としてしか眺《なが》めたことのなかった自然の景観を、初めて細分して見ることを教えてくれたのだった。

樹木、灌木《かんぼく》、草木、これはいずれも大地の装飾である。着物である。目に映るものとては石と泥と砂とよりほかはない、荒涼とした不毛の野辺《のべ》の眺めほどもの悲しいものはない。ところが、もし大地が自然によって生命を与えられ、水の流れ、鳥のさえずりのさ中で、自然の晴着を着せられていたとすれば、それは、動植鉱の三界の調和のうちに、生命と興味と魅力に満ちた景観を人間に供するのである。これは、人間の目と心が永久に倦《う》むことのない世界で唯一《ゆいいつ》の景観なのである。

観察者が鋭敏な魂をもっていればそれだけ、その人は、この調和が彼のうちに醸《かも》しだす恍惚にひたりうるのである。ある甘美な深い夢想が、そのとき、その人の感覚を占領

する。すると、その人は、得もいえぬこころよい陶酔を覚えながら、あの美しい組織の無限の中に没入して、それと同化したと感ずる。すると、そのとき、あらゆる個々の物象はその人から離脱する。彼は全体の中にしか何物も見ないし、何物も感じない。だから、自分は包容しようと努力しているこの宇宙を、その人が分割して観察することができるためには、何か特別の事情がその人のイデーを圧縮し、イマジネーションを制約する必要があるのである。

僕の身に、当然、起ったのがこれである。すなわち、憂苦で圧縮された僕の心は、それの一切の運動をみずからの周囲に近づけ、集中して、僕がしだいに陥りかけた失意状態にあって、まさに発散し、消えかからんとするあの余熱を保存しようとしたのであった。僕はぼんやりと森や山をほっつき歩いたが、自分の傷心を刺激することを恐れて、ことさら考えようとはしなかったのである。苦しみの対象を避ける僕のイマジネーションは、周囲の物象の軽快にして甘美な印象に、僕の感覚を委《ゆだ》ねさせておくのだった。僕の目は一つの物象から他の物象へと、たえず移動する。そうするうち、あのように変化に富んだ風景の中では、もっと目を惹きつけ、もっと長く目を留めさせておくような物象が必ず見いだされるはずだった。

この目を楽しませるおもしろみが、僕にわかったのである。これは、不幸の中にあっても、精神を休ませ、悦《よろこ》ばせ、慰める。そして、苦痛感を打切りにする。物象の自然性

が、この愉楽を非常に助けて、それを一層魅惑的にする。馥郁《ふくいく》たる芳香、鮮麗な色彩、優雅な形態は、われわれの注意を惹く権利をわれこそ得んと互いに競うているかに見える。このような快感に浸るためには、ただ愉楽を愛しさえすればいいのである。そして、もしかかる物象にふれた人々にして、このような効果が起らないとすれば、その一部の人々は、生れながらの感性を欠いているからであり、そして、大部分は、彼らの精神があまりに他の観念にとらわれすぎていて、彼らの感覚機能を打つ物象に、こわごわ浸ることとしかしないからである。

なお、もう一つのことが趣味ある人々の注意を植物界から遠ざけさせている。植物の中に、薬品と薬剤しか求めないという習慣がそれである。テオプラストスは植物をそんなふうには見なかったし、実のところ、この哲学者こそ、古代における唯一の植物学者だと言いうるのである。だからかえって、われわれの間ではとんど知られずにいる。ところが、あの処方の大編纂者《だいへんさんしゃ》であるディオスコリードというような人や、その注釈者たちのため、薬草にされた植物にして、目につくものは一つ残らず薬剤に奪われてしまったのである。すなわち、いわゆる効能なるものは、かれこれの差別なく、好きなようにそれらの植物に割当てられたままでである。植物の構造は、それ自身で注目するに値しうると、人々は考えていない。貝殻を学者然と整理することで一生を過す人たちは、その言いぐさによれば、人が植物学に効用に関する研究を結びつけないかぎり、それは無用

の研究だとして、植物学を軽蔑《けいべつ》するのである。この筆法でゆくと、人が自然の観察をやめないかぎり、無用の学だということになるのだが、実はその自然は、嘘《うそ》もいわず、またそんな文句をわれわれに言いもせず、ただ人間の力におのれを委《ゆだ》ねることしかしないのである。ところが、その人間は嘘つきで、その言葉だけでは、信じねばならぬような多くのことをわれわれに断言するのだが、その言葉自身、ほとんどたいていは他人の力に負うているのである。花の咲きみだれた野に立って、その花々をあれこれと調査していてみたまえ。それを見るほどの人々は、君を外科医の助手にまちがえて、子供の疥癬《かいせん》や、大人の皮癬《ひせん》や、馬の鼻疽病《びそびょう》を治《なお》す草をたずねることであろう。

この不愉快な偏見も、一部、他の国々では、とくにイギリスでは、リネのおかげで打破されている。実にリネは、薬学校から植物学を少々引出して、これを博物学と経済的用途に返した人である。しかしフランスでは、イギリスにおけるほど、この学問は世人に徹底しなかったため、この点に関しては、今もって依然として未開である。パリのさる才子がロンドンで、珍奇な樹木や草木で満たされた好事家《こうずか》の庭園を見て、思わず讃嘆《さんたん》の叫びを発したそうだ。「これはまたなんと見事な薬剤師の庭でしょう！」この考えでゆくと、いちばん最初の薬剤師はアダムだったということになる。なぜなら、エデンの園より植物の揃《そろ》っている庭を想像することはむずかしいからである。

このような薬物的な考え方は、たしかに植物学の勉強を楽しくするのにふさわしいも

のでない。それは、野に咲く花の色を萎《しぼ》ませ、幽邃《ゆうすい》な森のみずみずしさを干枯らし、青葉と樹陰を味気ない、不快なものにしてしまう。すべてこれらを乳鉢《にゅうばち》の中で砕くことしか考えない人には、あの魅力ある優美な構造とてほとんど何の興味もないのである。そして人々は、灌腸《かんちょう》用の草のなかに、羊飼いの娘のために花冠を捜しにゆくことはないであろう。

このような薬剤的なものが、僕の田園的な想像を汚《けが》すことはなかった。煎《せん》じ薬や膏薬《こうやく》ほど、僕のその想像から遠いものはなかったのである。田圃《たんぼ》や果樹園や森や、またその中の無数の棲息物《せいそくぶつ》をまぢかに眺《なが》めながら、僕はいつもよく考えたことだが、植物界というのは、自然から人間と動物に与えられた食料品の倉庫である。しかし僕は、自然に薬品や薬剤を求めようなど思ったことは一度もなかった。あの種々雑多な生産物の中に、そのような使用を僕に向って示している物など何一つ見ないのだ。自然は食べられるようにできている以上、もし自然がわれわれにその使用を命じたものなら、選択を示してくれているはずだ。心たのしく森陰を駆けめぐっても、もし熱病や胆石や痛風や癲癇《てんかん》のことを考えるのだとすれば、人間の虚弱に思いをいたして、せっかくの愉快も台なしになろうというもの。もとより僕は、人が植物に帰している偉大な効能に難癖をつけようとは思わない。ただ僕が言いたいのは、その実際の効能を仮定しても、病人がいつまでたっても病人だということは、病人にとって真にお気の毒だというものである。なぜな

ら、人間が罹《かか》る病気の数も多かろうが、そのうち二十種類の草で全治しないような病気は一つもないのであってみれば。

常にあらゆるものを自分たちの物質的利益に持ってゆこうとするあの根性、いたるところに儲《もう》けと薬を求めようとし、自分が丈夫なら、自然を冷淡に眺めるあの気風は、僕のとるところではない。この点、僕は他の人たちとはまったくあべこべのような気がする。つまり、自分の需要感にかかわる一切のものは、僕の考えを悲しませ、傷つける。そして、自分の肉体上の利得をまったく度外視してのみ、初めて精神の愉楽に真の魅力を見いだしうるのである。かようにして、たとえ僕は、医学を信じても、またその薬が気持よくとも、それに心を奪われていたら、純粋な、利害をはなれた静観が与えるあの歓喜を、僕は決して見いだすことはあるまいと思う。そして、自分の魂が肉体に縛られているとと感ずるかぎり、僕の魂がおのずから昂《たかぶ》ってきて、自然の上を飛翔《ひしょう》するようなことはできまいと思う。もっとも、僕は医学はたいして信頼していなかったものの、ある医者を非常に信用していたのだった。僕はその人たちを敬愛していたし、また、自分の身体《からだ》を任せきりにもしたのだった。ところが十五年の経験は、僕の負担において僕を教育してくれたのだ。今や僕は自然の唯一の法則にもどって、自然の力で昔の健康を取りかえしたのである。医者としては、このこと以外には僕に苦情を言えた筋合でないとしても、彼らの僕に対する憎しみは無理ならぬことなのだ。なにしろ僕は、彼らの医術の

空虚さと、彼らの治療の無用さの生ける証拠なのだから。

そうなのだ。個人的なもの、僕の肉体の利益に結びつくものは、いっさい、僕の魂を真に占めえないのだ。僕は自分自身を忘れるときにのみ、はじめてこころよく思いにふけり、思いに沈む。いわば、万物の組織のなかに溶けひたり、自然とまったく同化することに、僕はえも言えぬ歓喜恍惚《こうこつ》を感ずるのである。彼ら人間が僕の兄弟であるからには、僕は自分で地上の至福を企てたのだった。この企ては、常にあらゆるものと相対的であるため、公衆の至福をぬきにして、僕は幸福ではありえなかったのである。そして、個人の幸福などという考えは、僕の兄弟が僕の不幸の中にのみ彼らの幸福を求めているのを知ったとき以外は、僕の心に浮んだことさえなかったのである。ところが、彼らを憎まないとすれば、どうしても彼らから逃げなければならなかった。そこで僕は、共有の母のもとに避難して、彼女の腕に抱かれ、彼女の子供らの打撃から免れようとしたのである。僕は孤独者になった。それとも、彼らの言うように、非社交的な、人間ぎらいになったのかもしれぬ。それもしかたあるまい。裏切りと憎悪《ぞうお》でかたまっているあの悪人どもの社会よりは、たとえどんなに荒涼とした孤独でも、僕にはそのほうがましに思えたのだ。

僕はうっかり自分の不幸を思うのがこわくて、いきおい物を思わないようになる。身につもる苦悩のため終《しま》いには暴《あば》れかねないので、楽しいが物憂《ものう》いイマジネーションの残

余は抑制することにする。侮蔑《ぶべつ》と凌辱《りようじよく》で僕を蹂躙《じゆうりん》する彼ら人間に対して、憤懣《ふんまん》をいだくにいたらないよう、僕は彼らを忘れようと努力する。このような強制を受けているにもかかわらず、僕は自分をことごとく自分の中に集中することができないのである。なぜなら、あふれ出ようとする僕の魂は、その感情と存在を、僕がいやでも他のものの上に拡《ひろ》げようとするのだから。そうかといって、僕にはもう昔のようにあの自然の大海に思いきって飛びこむこともできない。なぜなら、僕の衰弱し弛緩《しかん》した能力は、それがしっかりと結びついていられるほど、十分決定的の、十分鞏固《きようこ》な、十分僕に手の届く対象物をもはや見いださないから。そして、昔のような恍惚にひたりながら、渾沌《こんとん》の中を泳ぐだけ十分の気力を、僕はもはや自分自身に感じなくなったから。僕のイデーはもはやほとんど感覚でしかない。そして、僕の理解力の限界は、僕が直接かこまれている物象を越えないのだ。

人間を避け、孤独を求め、もはや想像せず、それにもまして考えごとをしなくなった僕、そのくせ、憂鬱《ゆううつ》な、沈滞した無感覚とはおよそ縁の遠い快活な気質を受けた僕は、ようやく、自分の周囲のあらゆるものに専念するようになったのである。そして、きわめて自然な本能によって、最も楽しい物象を選んだのである。鉱物界は、その中になんら愛すべき魅力的なものをもっていない。地中に埋蔵されているその富は、人間の貪欲《どんよく》をそそらないために、彼らの目から遠ざけられたかに思われる。すなわち、それらの富

が地中に隠されているのは、もっと人間の手近にある真の富の補いとして、他日、使われるための予備にとってあるのである。そして、人間は堕落するにしたがって、真の富に対する趣味を失うものである。そこで人間は、おのれの困窮を救うために、工業や苦役や労働に助けを求めなければならない。彼は地の底を発掘する。彼は、おのれの生命を冒し、おのれの健康を害してまで、地中深く想像の財宝を求めようとするくせに、享《きょう》受《じゅ》することさえ知っていれば、大地がおのずから提供してくれる現実の財宝を求めようとしない。彼は太陽と明るみを避け、もうそれを見る価値のないものになりさがる。もはや、彼は陽の目を見て生活するに値しないので、当然の罪として、健康の身体を生き埋めにする。そこにあっては、あの田園の労働の美しい光景の次にくるのが、採石場、深坑、鉄工所、熔鉱炉《ようこうろ》、また、鉄床《かなとこ》や鉄鎚《てっつい》や煙や火の装置だ。坑内の有毒な蒸気の中で喘《あえ》ぐ不幸な人間の蒼《あお》い顔、真っ黒な鍛鉄工、不気味な一眼入道、これが鉱坑の装置によって地中に出現した光景で、地上における、緑、花、青空、恋しあう羊飼い、強壮な農夫などの光景に入れかわったのである。

　砂や小石を拾ったり、それでポケットや陳列室をうずめたり、そして、そんなことで自然科学者然とするなどは、実をいうとたやすいことなのだ。しかも、この種の収集に凝って、それだけにしている人たちには、たいがい、人に見せびらかすのがおもしろいだけのばかな金持が多いのである。鉱物の研究から利益を得るためには、化学者であり、

のみに専念している。それでなくとも、せいぜい、標本室と庭園の植物学にとどまって、自然の中の植物を観察しようとはせず、システムやメソッドばかりに気をとられている。これは論争に永遠の材料を提供するようなもので、かかる論争は、もう一株の植物を知らしめもしなければ、博物学や植物界に、真の光明を投げもしない。このため、著述する植物学者の間には、名声を得んと競って、他の学者同様、それにもまして、憎悪《ぞうお》や嫉《しっ》妬《と》が跋扈《ばっこ》するのである。この愛すべき学問をいじけさせて、都市やアカデミーの真ん中に移植するのである。この学問もこんなところに植えられては、好事家《こうずか》の庭園における異国の植物にもまして変質するよりほかはあるまい。

これとはまったく異なった心組が、この学問から、一種の欲念を僕につくってくれたのである。そしてこの欲念が、もう僕のもち合せていない他のことごとくの欲念の空席を埋めたのである。僕は岩や山に攀《よ》じ登ったり、谷間や森に分け入ったりして、できるかぎり、彼ら人間の記憶や、悪人の加害から免れようとしたのである。僕は森陰にいれば、忘れられているような気がする。もう敵なんかなくて、自由で平和のような気がする。それとも、森の木の葉が、彼らの加害からきっと僕を守ってくれるような気がする。ちょうど、僕の記憶からそれを遠ざけてくれているように。そして、愚かな話だが、僕は自分が彼らのことを考えないものだから、彼らも僕のことを考えないだろうという ふうに思いこんでしまう。僕はこの錯覚にあまりにも大きな甘美を見いだすため、もし、

僕の境遇や、僕の弱さや、僕の体欲が耐えるなら、おそらくこの錯覚にすっかり浸っていることだろうと思う。そこで、僕のいる孤独圏が深ければ深いだけ、何物かがその空虚を満たす必要がある。そこで、僕のイマジネーションが欲しない、僕の記憶がしりぞける人たちの空席を、人間に強《し》いられることなく、大地がいたるところ僕の目に提供する自然の産物が埋めてくれるのだ。人なき里に新しい植物を求めにゆく歓《よろこ》びは、僕の迫害者からのがれる歓びをもたらす。そして、人跡を見ない場所にでも来ると、僕は、もはや彼らの憎悪が追跡してこない隠れ家にでもいるように、心ゆくばかり呼吸する。

ある日、裁判官クレルク所有のロベラ山の方へ植物採集に行ったときのことを、おそらく僕は一生忘れないだろう。僕は一人だった。山深く分け入り、森から森へ、岩から岩へ渡りゆくうち、完全に人目につかぬような、絶好の隠れ場に出たが、これほど野生的な景色を僕は生れて見たことがなかった。真っ黒な樅《もみ》の木は、山毛欅《ぶな》の巨木を交え、老木の朽ちて倒れたものの数も多く、それらが互いに絡《から》まりあって、この隠れ場を、分け入りがたい柵《さく》でふさいでいた。この昼なお暗い囲いに残されている隙間《すきま》といえば、向うに、切り立った岩山と、ものすごい懸崖《けんがい》があるのみで、腹ばいになって覗《のぞ》きこむのがせいぜいだった。しまふくろう、みみずく、みさごの鳴き声が山の谷々から聞え、それに交って、珍しいが親しみのある小鳥の歌が、この寂寞《せきばく》の恐怖を緩和する。ここで僕は、歯のような形の heptaphyllos, cyclamen, nidus avis, 大きな laserpitium, その他種々さま

ざまの植物を見つけたが、これには長いこと、歓ばせ、楽しませてもらった。それだのに、周囲の風物の強い印象によって知らず知らず支配された僕は、植物学や、植物を忘れてしまったのである。lycopodium や、苔《こけ》の枕《まくら》に坐《すわ》ると、僕はここにこうして、全世界から知られてない、迫害者も僕を捜しだしえない隠れ場にいるのだと考えながら、いよいよ心ゆくまま夢想しはじめた。ほどなく、ある誇らかな感激が、この夢想に混じてきた。無人島を発見したあの大旅行家に僕は自分を比較したりした。そして、ここに分け入ったのは、おそらく自分が最初の人間だろうと、一人悦に入ったことだった。僕は自分をコロンブスだと思いかねないほどだった。僕がこの考えにいい気持になっていた折しも、ほど遠からぬところから、聞きおぼえのあるような、はっきりとカチカチと鳴る音がした。僕は耳を傾けた。すると、その同じ音が繰返され、増加してゆく。僕は驚き怪しんで立ちあがり、音のする方へと、密生した草叢《くさむら》を押し分けてゆく。すると、僕が最初に来たのだと自負していたその場所から二十歩ばかりの小さな谷間に、靴下製造所があったのである。

僕はこれを発見したときの、心に感じた、妙な、こんがらかった動揺を、どう表現していいかわからない。僕の最初の気持は、自分が完全に一人きりだと信じていたのに、人間の中に自分をふたたび見いだすことの歓喜の情であった！　ところが、この気持は電光のように閃《ひらめ》いたばかりで、すぐ、もっと永続的な、痛切な感情で入れかわり、もう

こうなっては、アルプスの洞穴《ほらあな》に入っても、僕を虐待《ぎゃくたい》しようと躍起になっている彼ら人間の残酷な手からのがれえないように思われてきたのである。なぜなら、新教坊主《ぼうず》のモンモランが、首領となって、なるべく僻遠《へきえん》から同志を駆り集めたあの陰謀に加わらなかったものは、おそらくこの工場に二人とはいまいと思われるからだ。僕は大急ぎでこんな陰気な考えを払いのけようとした。そして終《しま》いには、自分の子供っぽい自惚《うぬぼ》れや、これまで僕がひどい目にあわされてきた、その滑稽《こっけい》なやり方が、われながらおかしくなって、噴《ふ》きださずにはいられなかった。

しかし実のところ、断崖《だんがい》に工場があるなど誰が予期しよう？　このように、野生的な自然と、人間の営む工業がごっちゃになっているのは、世界でスイスよりほかはあるまい。まったくスイスは、いうならば、一つの大都市でしかないのである。聖アントワーヌの街路よりも、広くて長い数々の街路は、山で切断され、その間に森が散在している。そして、まばらに、孤立して建てられている家々をつないでいるのは、英国の庭園のような、ロマンチックな自然にほかならぬのである。それにつけても、僕は別のときの植物採集を思い出す。それは相当前のことで、連れは、デュ・ペルー、デシェルニー、ピュリー大佐、裁判官クレルク、それに僕だったが、山頂からは七つの湖水が見渡されるシャスロン山で採集した折のことである。この山中には一軒の家しかないということを、われわれは聞かされたのである。そして、その家に住んでいる人が本屋であり、し

の子が駆け寄り、重なりあい、怪我《けが》をする。それが見る人たちには魅力的らしい。僕は内心では、彼らほどにおもしろくはなかったが、やらないのは気恥ずかしいから、他の人たちのようにやることはやった。しかしほどなく、人々に怪我をさせるために自分の財布を空《から》にすることがいやになり、この上流人士をすてて、一人で市の中をぶらついてみた。種々雑多の品々が僕の目をいつまでも楽しませてくれた。なかんずく、五、六人のサヴォアの少年が一人の少女を囲んでいるのが目にとまった。少女は果物籠《かご》に入れてまだ十二個の貧弱な林檎《りんご》を持っていたが、これをかたづけてしまいたいと思っている。サヴォアの少年たちのほうでは、かたづけてやりたいのは山々だけれど、持金は全部合せても二、三リアールしかなく、これでは林檎を攻略するだけの力がない。さしずめこの果物籠は彼らにとってエスペリードの庭であり、少女は林檎を守っている竜《りゅう》である。この喜劇に僕はすっかり嬉《うれ》しくなり、いつまでも見ていた。とうとう、僕が少女に林檎の代を払ってやって大団円とし、少年たちに分けてやらせた。こうして僕は、人間の心を悦《よろこ》ばせうる最上の甘美な光景の一つに接したわけだった。それは、子供っぽい無邪気さと一体になった歓喜の情が、ありありと僕の周囲に発散する光景だ。なぜなら、観客のほうでもその歓喜を見ることによって、それを与《とも》にしたのだったから。そして、僕のごときはきわめて安あがりにこの歓喜を与にしたわけだったが、かてて加えて、この歓喜は僕の作であると感ずる悦びをもったのである。

この慰みを、今さっき僕が見すててきたそれに比較してみて、その間に大きな相違のあることを感じて、うれしく思ったことだ。これには健やかな趣味があり、自然の快味があるが、豪奢《ごうしゃ》が生む慰みには、人を愚弄《ぐろう》することとの快楽や、軽蔑《けいべつ》から生ずる独占的な趣味しかないのである。なぜなら、貧して貪《どん》した人々の群れが、重なりあい、むせかえり、乱暴にも傷さえつくって、足に踏まれた、土にまみれた数片の香料パンを餓鬼のように奪いあうのを見て、そもそもいかなる種類の快楽を感じうるであろうぞ？

僕はこういう機会に味わう一種の享楽《きょうらく》について十分反省してみるに、僕としては、それが慈善の情に基づくというよりは、満足している顔を見ることとの快楽にあるのを発見したのである。この顔色は僕にとって一つの魅力である。この魅力は、僕の心まで滲《し》みこんではくるが、あくまで感覚であるように思われる。もし僕の惹起《じゃっき》する満足が目で見えなければ、よしそれが確実であることがわかっていても、おそらく僕は半分しか楽しめないだろうと思う。しかもそれは、僕にとって利害関係のない快楽であって、僕がそれからもらえる分け前にはかかわりないのである。なぜなら、お祭りのときなど、人々の陽気な顔を見ることとの快楽は、いつも激しく僕の心を惹《ひ》きつけたのをみてもわかる。もっとも、この期待はフランスではしばしば裏切られはした。あれほどまで陽気であると自覚しているこの国民も、遊びでは一向にその陽気さを示さない。以前、僕は下層民がダンスをするのを見によく場末の居酒屋へ出かけていったものだ。ところが、彼らのダンスときてはいかにも陰気くさいし、またその顔がじつに哀れっぽくて、はえないものだから、見るほうも楽しむどころか、わびしくなって、出てしまう。ところがジュネーヴやスイスはこれとは違う。悪ふざけの笑いを発散するということはない。祭りの日は、満足と陽気の状がすべての者にあらわれている。彼らにあっては、貧窮もその醜い外貌《がいぼう》を呈さない。富有もまたその傲岸《ごうがん》を示さない。安穏《あんのん》、友愛、和合が、人々の心を晴れやかにする。そして、無邪気な歓喜に夢中になると、よく見ず知らずの人々が挨拶《あいさつ》を交《かわ》したり、抱きあったり、その日の歓《よろこ》びを一緒に楽しもうと招待しあう。こうした愛すべき祭日を楽しむため、僕は彼らの一人である必要はないのである。彼らを見ていればいいのである。彼らを見ていることによって、歓びを彼らと与にしているのである。そして、あのように陽気な顔はたくさんあっても、あの中に僕の心くらい陽気な心は一つもあるまいと思う。

よしここには感覚上の快楽しかないとしても、この快楽には、疑いもなく道徳上の動機がある。その証拠には、悪人の顔に現われた快楽と歓喜のしるしが、もし彼らの悪心の満足された標示でしかないことを知っている場合は、その同じ容貌が、僕を歓ばせ、楽しませるどころか、悲しみと怒りで引裂くにちがいないからである。罪のない歓喜こそ、その現われが僕の心を歓ばせる唯一《ゆいいつ》のものである。残酷な、嘲弄《ちょうろう》的な歓喜は、よしそれが僕には何の関係がなくとも、僕の心を痛ませ、苦しめる。もとより、こうした現われは、きわめて区々たる根源からきているので、正確に同じというわけにはゆかないだろう。しかし要するに、最後はみな同じように歓喜の現われになるものである。そして、その現われの敏感な相違とて、その現われが、僕のうちに惹起する衝動の相違に必ずしも正確に比例するものではない。

悲しみや苦しみの衝動のほうが僕には一層敏感にひびく。普通それらが示す感動よりもおそらくはなお一層激しい感動のため、僕は自分みずからが激動することなしにはそれらを支《ささ》ええないほどなのだ。想像力が増加して、感覚が、苦しむ当人と僕を同化させ、それのみならず、その人が感ずる以上の苦悩を僕に与えることもしばしばである。不満の顔を見るのもなおまた僕には忍びがたいことである。とりわけ、その不満が僕に関しているると思われる理由があればなおさらである。よその家を訪れたときなど、いやいやそうにサービスする召使の不平そうな仏頂面《ぶっちょうづら》が、どれほど僕から金銭を剝《は》ぎ取ったかしれない。以前、僕は愚かにもそういう家によく引っぱられて行ったものだし、そういう家の下男は僕に主人の歓待をいつも高く支払わせたのだった。感動をそそる物象、とりわけ、快楽や苦痛、好意や反感の目じるしのある物象にはあまりに動かされやすい僕は、これらの外部的の印象に翻弄されて、最後は逃避よりほかに免れようはないのである。見ず知らずの人に、ちょっとした合図、一つの身ぶり、わずかな眼の動きを認めただけで、僕の快楽は害《そこな》われもし、僕の苦痛は鎮《しず》まりもする。僕は自分が一人でいるときにのみ自分のものになっている。一人でなくなると、僕をとりまくあらゆる人々の玩具《がんぐ》になってしまう。

かつて僕があらゆる眼のなかに好意しか見なかった時分、少なくとも、僕を知らない人の眼のなかには無関心しか見なかった時分は、人なかにいても僕は楽しく暮せたものだった。それが今日では、人はなるべく僕の天性は世間一般に隠すようにし、そして僕の顔はなるべく示すように骨折っているので、僕は街路に足を踏みだすごとに、見るもの聞くもの一つとして胸をさされないものはない。僕は一刻も早く野っ原に出ようと大股《おおまた》で歩く。青いものが見えだすと、ほっと息をつく。僕が孤独を愛したとて怪しむに足るまい。僕は彼ら人間の顔の上に憎悪《ぞうお》しか見ないのだ。それだのに自然はいつも笑ってくれる。

それにしても、僕が彼ら人間に交っていても、自分の顔が彼らに知られないかぎり、その中で暮すことに僕は楽しみを感ずるということを、白状しなければならない。それだのに、この楽しみとて、人は僕に残してはくれないのだ。数年前のことだが、そのころ僕はまだ村の中を通ったりするのが好きだった。朝など、農夫が殻竿《からざお》を修繕したり、戸口に女房が子供をつれて立っていたりするのを見るのは楽しかった。こんな光景は、なぜということなしに、僕の心を打った。ときおり、僕は立ちどまっては、べつに警戒もせずに、こういった素朴な人たちのささやかな営みに眺《なが》めいるのだった。すると、思わず知らず自分が溜息《ためいき》をついているのに気づくのだった。僕がこんな些《さ》細《さい》な楽しみにも敏感であるのを相手が見てとったかどうか知らない。そして、これをしも僕から剝奪《はくだつ》しようと欲したかどうかも知らない。ただ、僕が行き過ぎようとすると、彼らの顔の上に認められる変化と、僕をじろじろ見るその様子とで、人々が僕にこの微行をさせまいと、非常に意を用いていることをいやでも了解せずにはいられないのだ。癈兵院《はいへいいん》に行ったとき、これと同じ出来事が、一層露骨に起ったことがある。あの美しい建物はいつも僕の興味をひいたのだった。僕はあそこにいる善良な老人たちの群れに接するごとに、感動と尊敬の念に駆られずにはいられない。この人たちこそ、スパルタの人々のように、みずからこう言いうる。

かつてわれらは若く
勇敢にして、大胆なりき。

士官学校のあたりを歩くのが、僕の最も気に入った散歩の一つであった。あちこちで、癈兵に出会うのがうれしかった。彼らはいまだに昔の軍隊気質《かたぎ》をもっていて、歩きながら、僕に敬礼するのである。この敬礼を僕の心は百倍にして返してやるのだが、この敬礼が僕を悦ばせ、そして、彼らに会うことの楽しみを増大するのだった。僕は自分の感動したことを隠すことのできない性分なので、僕は癈兵のことや、また彼らの様子がどんなふうに僕の心を打ったかなどをよく話したものだ。するともうそれだけでだめだった。それからしばらくたつと、僕は彼らにとって未知の人ではなくなっていることがわかった。むしろ、未知以上の人になったといったほうがいいかもしれない。なぜなら、彼らも世間の人たちと同じ眼で僕を見るのだったから。もうあの軍隊気質も、敬礼もあったものではない。あの最初の礼譲の後にきたのが、うさんくさそうな態度である。獰悪《どうあく》な眼つきである。彼らはむかし軍隊教育で得たあの本気から、他の人々とちがって、自分らの憎悪を冷笑的で陰険な仮面の下にかくそうとせずに、最も激しい憎しみを露骨に示したのである。そして、おのれの激怒を少しも偽らないような人たちを、僕としては尊敬せずにはおられないだけに、それだけ僕のみじめさは極端だったのである。

そのとき来《らい》、癈兵院の方に散歩しても、僕は前ほど楽しくはなくなった。それにしても、僕のあの人たちに対する感情は、あの人たちの僕に対する感情のいかんに因《よ》らないのだから、僕はあれらの祖国の古い擁護者に接するごとに、尊敬と関心を禁じえないのである。しかしながら、僕はあの人たちを正当に認めてやったのに、あの人たちのほうからは酷《ひど》い仕返しをされたと思うと、僕はずいぶんとせつない。たまたま世間の風評がまだ届いていない者だの、あるいは僕の顔を知らないので少しも反感を示さない者などに出会うと、その人のする例の堅気な敬礼が、他の者たちの恐ろしい顔貌《かんぼう》の償いをしてくれる。僕は他の者たちは忘れてしまって、その人ばかりを念頭におこうとする。そして、その人は、僕の魂と同じように、憎しみなどの滲みこみえない魂をもった人だというふうに考える。僕は去年もこの歓びを得たのだった。それは白鳥島へ散歩しに行こうと河を渡ったときのことであった。一人の貧しい老癈兵が渡船の中で誰か合客の来るのを待っていた。僕が行って、船頭に船を出すように言った。波がきつかったので、渡るのにひまがかかった。僕はいつものように酷遇されたり、はねつけられたりするのが心配で、この癈兵に言葉をかけようとさえしなかった。しかし、実直らしいその様子に僕は安心した。僕たちは話した。どうやら、常識のある、風儀の正しい男に思えた。僕は明け放しの、愛想のいい言葉づかいに驚きもし、魅せられもした。僕はこのような優遇にはなれていなかったのである。ところが、相手は近ごろ田舎《いなか》から出てきたばかりだと知って、僕の驚きはやんだのだった。してみると、人はまだ彼に僕の顔を見せなかったのだし、僕のことを教えもしなかったのだと合点《がてん》いった。さっそく僕はこの微行を利用して、一人の男としばし会談を交えたわけだった。そこに見いだした甘美にして、いかにありきたりの楽しみでも、それが稀《まれ》になると、どれだけその価値を増すものだかを、僕はつくづく感じた。船をおりるとき、彼はなけなしの二リアールの銭を出そうとした。僕は渡し銭を払って、彼のは納めるようにと願ったものの、気を悪くさせないかと心配だった。そんなこともなかった。それどころか、僕の心づけに感じいったかに見えた。

とりわけ、彼は僕より年とっていたから、船をおりるときに僕が助けてやったのにはよほど感激したらしかった。僕はこんなことで嬉し泣きに泣いたくらい子供だったと言ったら、信じてくれる人があるだろうか？　煙草《たばこ》でも買うようにと、僕は彼の手に二十四スーの銀貨一枚を渡したくて困った。これだけは気恥ずかしくてできなかった。この同じ気恥ずかしさが、これまでも何度、僕が善行をしようとするのを妨げたかしれない。そのような善いことをすれば、僕は歓喜でいっぱいになるはずだのに、結局、自分の怯《きよう》懦《だ》を嘆くだけでなさずにしまう。今度も、僕はこの老廃兵と別れてから、こんなふうに考えた。真心を重んずることに金銭を交えては、金銭はそのことの貴さを損じ、その廉《れん》潔《けつ》を汚《けが》すので、いうならば、僕自身の主義に反することになるのだ、と、こう考えて、自分の怯懦をみずから慰めたものだ。金銭に窮している者たちは急いで助ける必要があろう。しかしながら、人生の途上における普通の交際では、自然の好意と、礼譲に任せて、そのなすがままに放置しておこう。そして、金銭的商売的の何物も、あのように清い泉には近よらせないことにして、その水を腐敗させたり、変質させたりしないことだ。オランダでは、時間を知らせても、道を教えても、いちいち金を取るそうである。人類の最も単純な義務をこのように売物にするとは、実に軽蔑《けいべつ》すべき国民だと言わねばなるまい。

宿を貸して金を取るのは、ひとりヨーロッパだけだということに僕は気づいた。アジアではどこでも無料で泊めてくれる。もとよりそこにしたところで、自分の思うままの安楽が得られないことはわかりきっている。それにしても、自分に向ってこう言いうるということは大したことではないか？　「僕は一人の人間である。そして、人間仲間の家に招かれたのである。僕に宿をかすのは純然たるユマニテなんだ」と。心が肉体以上に優遇されれば、多少の不自由はわけなく我慢できるものである。

第十の散歩

きょうは「枝の日曜日」だから、初めてワランス夫人にお目にかかって、ちょうど五十年になるわけである。この世紀とともに生れた夫人は、当時二十八歳であった。僕はまだ十七歳にもなっていなかった。そして、僕の発達しかけていたが、まだ自分の気づかなかった体質が、生れつき生命のみなぎった心に新しい情熱を与えつつある時分だった。この熱烈な、しかし温和で謙譲な一青年に対して、夫人の好意をいだかれたことが怪しむに足らないとすれば、才色兼備の一婦人が、僕の思った以上にやさしい感情を、感謝の念とともに、僕に起させたのはさらに怪しむに足りなかった。

しかしこの最初の瞬間が、僕の生涯を決定し、かつ、避くべからざる鎖によって、僕の後生涯の運命を生み出したということは尋常のことでない。僕の器官は、魂の最も貴重な機能を十分発達させるところまでいっていなかったので、魂はまだ何ら確定した形をそなえていなかった。魂はその確定した形をおのれに与うべき時期を、一種のじれったい思いで待っていたのである。そして、この邂逅《かいこう》によって早められたその時期は、しかしすぐにやってきたわけではなかった。教育が僕に授けた質朴な性行のなかにあって、恋愛と無邪気が同じ心の中で住んでいる、このこころよい、しかしあわただしい状態が、僕のためにいつまでも長びくのだった。夫人は僕を遠ざけたのである。それだのに、あらゆるものが僕を夫人のもとに呼びもどしていた。どうしても帰ってゆかなければならなかった。

この帰っていったことが、僕の運命を決定した。そして、彼女をわがものにする前も、かなり長いこと、僕はただ彼女のなかにのみ、彼女のためにのみ生きていたのだった。ああ！　彼女だけで僕の心は足りていたように、もしも僕だけで彼女の心が満足していたら！　そしたら、僕たち二人はどんなにか平和な、楽しい日を過したことだったろう！　なるほど、僕たちはそのような日を過したのだった。それにしても、その日のなんと短く、すみやかに過ぎ去ったことだろう！　そして、その後にきたのは、なんたる運命だったろう！　混合物なく、障害物なく、僕が完全に自分自身であり、生きたと僕が真に言いうる、この短くはあったが、僕の生涯中の唯一《ゆいいつ》の時期を、いまだに僕は歓《よろこ》びと感激をもって思い出さない日はないのである。

ヴェスパシアヌス皇帝に疎《うと》んぜられて、のどかに田園で生を終えようとしたあの近衛《このえ》総督のように、僕もほとんど同じ気持で、言うことができる。「余は娑婆《しゃば》に七十年間を過したが、七年間だけ生きた」と。この短いが、貴重な期間がなかったら、おそらく僕は、いつまでも自己を摑《つか》むことができないでいたろう。なぜなら、僕の後生涯を通じ、もともと安易で無抵抗の僕は、あまりにも他人の情念に煽動《せんどう》され、翻弄《ほんろう》され、煩《わずら》わされため、このように波瀾《はらん》の多い生活の中で、いつもほとんど受身になり、自分自身の行状でも、どこまで真に自分であるかを判別しかねるほどだったから。それほどまでにひどい窮乏がたえず僕の上にのしかかってきたのだから。それだのに、あの短かった年月の間、慈愛にみちた一人の婦人に愛されて、僕は自分のしたいと思うことをしたのだった。なりたいと思うものになったのだった。そして、閑暇を利用して、彼女の教訓や鑑戒に助けられながら、まだ単純でういういしかった僕の魂に、一層適合した形を与えることができ、そして、魂はその形をつねに保ちつづけてきたのだった。

孤独と黙想を求める嗜好《しこう》が、僕の心に生れた。そして、それと同時に、その心の糧《かて》になるためのあふれでるやさしい感情が生れてきた。喧噪《けんそう》と騒音は、そのようなういういしい感情をしめつけ、窒息させる。静寂と平和は、これを活潑《かっぱつ》にし、昂《たかぶ》らせる。

僕は愛するためには、しずかに心をひそめる必要を感じた。僕はお母さんにすすめて、田舎《いなか》へ行って暮すことにしたのだった。小さな谷間の傾斜にあった一軒家が、僕たちの絶好の隠れ家《が》だった。そして、ここでこそ僕は、たかだか四、五年の間に、一世紀の生活を享《う》けたのである。充実した、純粋な幸福を楽しむことができたのである。それは、その後の僕の運命が示した醜悪なあらゆるものを、その魅力で蔽《おお》いかくしてくれるほどの幸福であった。僕は心にかなった一人の愛人をほしく思っていた。僕はそれを得たのである。僕は田舎にあこがれていた。その田舎に来られたのである。僕は束縛を忍ぶことができなかった。僕は完全に自由であり、自由以上だったのである。なぜかとなれば、ただ自分の愛着のみに縛られている僕は、自分のしたいと思うことしかしないからである。僕の全部の時間は、愛の営みや、田園の仕事にあてられていた。僕はこのように甘美な状態が継続することよりほかは念じなかったのである。僕の唯一の苦労は、この状態の永続するかどうかの危惧《きぐ》だった。そして、僕たちの境遇の困難から生れたこの危惧は、必ずしも根拠がないわけではなかった。

そのとき来、僕はこの不安を紛らすと同時に、その結果に備えるため、資源をつくっておこうと思いついた。才能を貯《たくわ》えることが、苦境を救う最も確実な方法であると考えたのである。そこで、僕は婦人のなかで最も善良なこの婦人に、できるものなら、彼女からこうむった援助の恩恵をいつかは返すようになろうと、自分の閑暇を利用することに決めたのである。

……………………………………

訳注一　ワランス夫人をルソーはこう呼んでいた。

ジャン・ジャックをめぐる散歩

晩年のルソー

一七七〇年夏、ルソーはようやくパリ市に入ることを許された。一七一二年六月の生れだから、ちょうど五十八の齢《とし》である。

思えば長い間の放浪の生活だった。

『エミール』の出版が当局の忌諱《きい》にふれて、逮捕命令を出され、スイスにのがれたのが、一七六二年六月九日の夜半だった。しかし、その生れ故郷のスイスも彼を入れなかった。ジュネーヴで逮捕命令を出されてイヴェルドンを追われたので、せんかたなく、ヌーシャテル伯爵領《はくしやくりよう》のヴァル・トラヴェルのモティエにのがれて、ようやくこの僻村《へきそん》におちついた。

彼はこのプロシア王の管轄《かんかつ》領土内で十八カ月を送ることができたのである。

まず第一に、ヌーシャテルの知事キース卿《きよう》の恩顧を得たことはジャン・ジャックの大きな幸福であった。そのほかにも、きさくな友人たちもできたし、むだ話にはもってこいの近所の女たちもあった。彼が初めて植物学に凝りだしたのもこのころであったろうし、『孤独な散歩者の夢想』の「第七の散歩」で語っているロベラ山の植物採集も、やっぱりこのジュラ山脈のふもとの村に滞在中のことであったろう。

それよりもなによりも、ルソーを幸福にしたのは、彼が文学をすてたことである。じっさい、文学にしばられていないときのジャン・ジャックは、いかにもくったくがなさそうで、のんきそうで、明るくて、子供のように無邪気である。めずらしい植物をみつけて、無性によろこんだり、女たちのように戸口に椅子《いす》を持ち出して、レース編みをしながら、道行く人と世間ばなしをしたりする。「私は完全に文学をすてたこととて、自分にゆるせるだけの静かな、楽しい生活を送ることしか考えなかった。私は一人でいても、たとえどんな無聊《ぶりょう》のなかにあっても、退屈というものを知らなかった。私のイマジネーションはあらゆる空虚を満たすので、ただそれだけで、一廉《ひとかど》の仕事になるのだった」と『告白録』はモティエ滞在中の心境をつたえているが、このようなジャン・ジャックが、いつもいちばん幸福で、楽しそうである。いかにもきょう一日の仕合せを楽しむ人のように、謙虚に、自然のなかに、自分のなかに浸っている。ところが、いったん文学の鬼に憑《つ》かれると、彼はうってかわって狂暴の表情を呈し、われとわが身を迫害して、みずから不幸を招く。しかし、ルソーの異常な天才が閃光《せんこう》を発するのも、このような恐るべき瞬間なのである。

文学が典雅な教養であった十八世紀にあって、ルソーは物を書くことの憂鬱《ゆううつ》に悩まされていたのである。そしてそこには、現代の作家の悲劇に通ずるものがある。『エミール』によって、モンモランシーの静かな草庵《そうあん》を追われたように、一七六四年に発表された『山だより』が、またしても物議をかもし、カルヴァン教徒の激怒をかったのである。そして、一七六五年の九月六日の夜半、彼の住居は襲撃をうけ、石塊《せっかい》が猛烈に飛びきたって、窓ガラスは粉砕された。こうして、予言者さながらに石で追われて、またしてもこのヴァル・トラヴェルを去り、ヌーシャテルに近いビエンヌ湖中のサン・ピエール島にのがれたのである。

この無人島には、彼が今までどこにも見いださなかったほどの、思いがけない平安があった。どうやらジャン・ジャックはこの平安を、物を書かずにいることの「無為」に負うているらしいのである。そして私たちは、あの「第五の散歩」の、フランス語で書かれた文章の中で最も美しい一節を、あのモティエの暴民に負うているというべきだろう。それにしても、サン・ピエール島の甘美な夢想は、二カ月しか続かなかった。ベルヌの上院の退去命令を受けた彼は、ふたたび仮の宿を求めなければならない。

さて、ヨーロッパのどこへ行ったら、安住の地があるだろうか。昔なつかしいウドトー夫人の勧めをいれて、ノルマンディに行こうか。それとも、サン・ランベールの招くロートリンゲンにするか。ライ書店の主人はオランダをすすめてきている。とうとう彼はキース卿を慕って、ベルリンに行くことにした。ビエンヌから、バールをへて、ストラスブルグまで来たが、急に心がかわって、ベルリン行きは断念して、パリに立ち寄った。

パリに来たのは、イギリスの哲学者ヒュームの招きに誘われて、海峡を渡る途《みち》すがらだったのである。一七六六年一月十三日にロンドンに着き、ウットンの別荘に身をおちつけた。ところが、二カ月もたたないのに、このヒュームとも不和になってしまった。ヒュームの態度もさることながら、イギリスの冷たく暗い風土が、当時のルソーの病的にまで敏感な神経をいらだたせたことも確かである。それにまた例によって、物を書くことが、彼を狂暴に駆りたてたのかもしれなかった。なぜなら、イギリスに来てから、彼は永年の懸案であった、命を賭《と》しての大著述にとりかかったからである。

思えばこの数年来、彼は自分と親しかった人々とつぎつぎに絶縁している。グリムなど問題でないとしても、ディドロやヴォルテールやエピネー夫人との仲をあれまで悪化させる必要があったろうか。たしかにジャン・ジャックのあまりにも感じやすかったせいもあろう。それにしてもなぜ人々は、彼が愛し、かつ長くいつこうとしていた土地をあのように追うのだろう。自分はその土地を愛し、その土地の人々を愛そうとしていたではないか。そして、人々が自分の周囲にただよわせるこの秘密の霧はなぜであろうか？……心を痛めつけられながら、彼は猜疑《さいぎ》の眼をみはってあたりを窺《うかが》う。そして、心のなかで繰りかえして言う。「そのような仕打ちを受けても、僕は彼ら人間を愛したつもりだった。彼らが人間であるかぎり、僕の愛情からはのがれえないはずだったのである」（第一の散歩）。そして、よしんばルソーが、ヒュームや、グリムや、エピネー夫人をすてたにしても、彼のほうが彼らより大きな愛をいだいていたことも、また、彼ら以上に苦しんだことも確実である。そして、偉大な魂は、凡俗とは対談しえないものだということも認むべきだろう。

こうしてヒュームとの激烈な葛藤《かっとう》のあと、一七六六年五月にフランスへまいもどった彼は、ジゾールに近いトリーの山荘におちつき、コンチ公の世話でする一年を送った。しかしここをも後足にかけて、リヨンに行き、グルノーブルに行き、それからブールゴアンの村、その隣のモンカンの村と転々して、やっとパリにもどった（一七七〇年夏）。ちょうど、逮捕命令が出てから八年目、永年着なれたアルメニア服を脱ぐことと、今後、いっさい著述の筆をとらないことを条件にして、入市が許されたのである。

パリ、プラトリエール街の五階の二間——これがルソー夫妻の終《つい》の栖《すま》いとも思われた。長いあいだの放浪の旅も終った。これから彼は静かな余生を送ろうとする。わずかながら扶助料はあるし、楽譜写しの仕事で細々ながら暮してゆくこともできるだろう。彼はこのパリの寓居《ぐうきょ》で、先にイギリス滞在中に着手して、旅先を転々と持ち歩いたある人部の原稿の最後の章を書き終えたのである。これは Les Confessions と銘うった一種の告白書であるが、この著作によってルソーは、自分の生涯を、その生き方を、また自分の迫害者のことを、またその陰謀のことを、正しく、真実に書いたつもりである。これで自分の生涯に一つのしめくくりをつけたわけだ。あとは好きな音楽で気をまぎらわし、日々の散歩を楽しむことにしよう。

しかし、これだけであったろうか。

なるほど『告白録』は彼の五十年間の決算書であるといえよう。だが、それは彼の外部的の生活しか書かなかったはずだ。あくまで外面の事件に、表面の自己にとどまっていたにすぎなかった。あわただしい旅路を終えて、安定した住まいに身を置いたジャン・ジャックは、ようやく自分自身のなかに目を向けようとする。自分の内部を検討して、そこに自我を探索し、発見しようとする。彼の迫害者は、敵は、かならずしも外界のみにいるわけではなかった。彼らは自分の内部おくふかく巣食っているのだ。この敵こそ曲者《くせもの》なのだ。これを始末し、整理することによって、そこにおのずと一つの秩序が生じ、初めてそこに自己を見いだすことができるだろう。これは難事業ではあるが、ほとんど外部との接触を絶っている今のこの孤独の境涯こそ、それを成し遂げうる絶好のチャンスというべきだろう。

彼はそれに着手した。

こうして、名前をもたぬ一フランス人と、ルソーと、この二人がかりで、一人のジャン・ジャックを批判解剖する計画は立てられたのである。そして、一七七五年から一七七六年にわたって書かれたDialoguesがその報告書である。この三編から成る『対話録』には、「ジャン・ジャックを審《さば》く人ルソー」という副名が付されている。

おそらく一七七五年ごろにおけるプラトリエール街のジャン・ジャックは、そとから見ただけでは、いかにも平静な、寛容そうな、ふつうの好々爺《こうこうや》に見えたかもしれない。しかし、よくよく観察した人なら、その落窪《おちくぼ》んだ目のあたりに、苦悩の色と邪悪の影の暗くただよっているのを見のがさなかったろう。そして、ヴォルテールから「狂犬病にかかったディオゼネスの犬」だと言われても、無理からぬ人相をしていたことだろう。

しかし、ジャン・ジャックの内部はそれどころではなかった。彼は自分を陥《おとし》れようとしている迫害者の陰謀と凌辱《りょうじょく》に対して、自分の性格と生活を弁明しようと、死物狂いになっている。それは、『告白録』のときのように、外に向って、外の敵に向って、実際に声をたてて、わめいているのではない。だから彼の苦悩は、『告白録』のときのように、身ぶりや表情に現われるというよりも、むしろ内に沈んで、表面は一見しずまりかえってさえいる。しかもルソーが自分の迫害者だと思いこんだのは、実はそれと気づかずに、ジャン・ジャック自身であったかもしれない……。だからこの『対話録』は、このようにいたるところで矛盾撞着《どうちゃく》し、痛ましいほどの精神的混乱を呈している。作者自身も収拾がつかないほどの支離滅裂に陥って、呆然《ぼうぜん》としている格好である。このために、この奇妙で、厄介な書物は、本国のフランスでもあまり読まれていないようだが、これがまた現代の精神分析学や病理学に紀元をひらいたゆえんでもある。

このジャン・ジャックとルソーと一フランス人との間に交《かわ》された激戦は、いつ果てるとも知れないほどだったが、しかし三者とも疲れはてて、勝敗は決ることなく、戦いはしぜんに息《や》む。血痕《けっこん》は点々と飛び散り、ときおり、悲鳴やわめきがとぎれとぎれに聞えるばかりで、あたりはひっそりしている。夕日は西に沈もうとして、空はまだ明るいが、すでに地上には夕暮れの影がせまってきている。この悲壮ではあるが、今はほとんど静寂にかえろうとしている薄明の中で、ルソーはもう一度、これを最後に筆をとったのである。こうして、われわれの Les Rêveries du Promeneur Solitaire は、一七七七年から一七七八年の間に書かれたのである。

『孤独な散歩者の夢想』において、彼はもう一フランス人の力などかりて、話相手になってもらう必要はない。ただ自分だけ、自分に蓄積されたものだけでいい。他人の力などかりない。足りなかったら反芻《はんすう》してもいい。自分に残されている財産の範囲内で書くだけのことに止《とど》めておく。そして、おそらくこれは自分の遺言書になることだろう。「こうして自分の生きているうちに、この検討によって内部を始末しておけば、死際《しにぎわ》にも、そのままのそれが見いだせるだろうと思う」（第三の散歩）といっても、この十五年来の争闘で受けた傷はときどき疼《うず》く。彼は思わずわめき叫ぶが、その痛みもすぐにやむ。ちょうど、腹痛が去ったあとにくる、あのうっとりするような快感に浸りながら、彼は貴重な幸福を味わう。思い出は十年前にさかのぼると見れば、また昨日の散歩にもどったり、しぜんに心頭を去来するままに記述されている。これまでのあの演説調は影をひそめて、いかにも不幸な老人らしく、謙虚な、しみじみとした、清らかな口調で物語る。人に向って語るというよりも、どうやら自分につぶやいているらしく、その声もひくく、ともすれば聞きとりがたいほど震える……。「僕は子供は好きだったんだが……きょうも宿の二人の坊やに接吻《せっぷん》してやった……この間も、散歩の途中で出あった女学生たちに、捲煎餅《ウブリ》をおごってやったっけ……ああ、それから、涎《よだ》れかけをしているような子供からでもいいから、せめて……」（第九の散歩）。ああ、ジャン・ジャック、ジャン・ジャック、もういい、もういい、わかりました。あなたはほんとに正直な人です……。こういって私たちは慰めようとする。そして、そんなときのジャン・ジャックの顔を、無意識の良心の微風がそよぐかと思われる。『夢想』のルソーはもう予言者でもなければ、偉大な革命者でもなく、ただその辺にいる、不幸で無器用な老人にすぎない。その声が聞え、その姿が見えてくるようだ。これは一種の「私小説」といえるだろう。

ジャン・ジャックは筆をおく。

人生の長い路《みち》のはずれに来て、この孤独な散歩者は立ちどまる。彼は後ろを振りかえり、また、目前にせまる暗闇《くらやみ》のほうに眼をやる。そして、左右にひらけている美しい夕暮れの景色に眺《なが》め入る。彼が日ごろから愛した「青いもの」は、まだいくぶん残っているが、おおむね枯れつくして、さすがに晩秋の物寂しさを見せている。十番目の「散歩」は、このころの不快のために書きかけのままだけれど、いずれワランス夫人の懐《なつ》かしい追想にふけりながら、この著述を書きおえることだろう。彼はふたたび歩きだした。そしてそのまま、目前の夜の帳《とばり》のなかに姿を没してしまった。

しかし、ジャン・ジャック・ルソーが肉体的に死んだのは、パリ近郊のエルムノンヴィルの村へ、病気静養のため転居して、二カ月たらずの七月二日のことだったのである。

だからわれわれは、ルソーが田舎《いなか》に移る前、彼が『夢想』を書いたプラトリエール街の仕事部屋をのぞいて見る必要があるので、彼の晩年の親友であり、『ポールとヴィルジニー』で有名なベルナルダン・サン・ピエールの後にこっそりついていってみよう。ベルナルダンも誰か友達に連れてゆかれたようで、どうもこれが初訪問らしいのである。「私たちは五階にあがっていった。ノックすると、ルソー夫人が出てきて、戸をあけてくれて、こう言った。『どうぞお入りください。主人はおりますので』。私たちは実にちっぽけな控室を通りぬける。家具類はいずれもきちんと整頓《せいとん》してあった。その次の部屋に入ると、ジャン・ジャック・ルソーが椅子《いす》に腰かけていた。フロック姿で、白の頭巾《ずきん》をかぶり、しきりに楽譜をうつしていた。彼は愛想よさそうに立ちあがると、私たちに椅子をすすめ、自分はまた仕事にかかったが、しかしときどきは話にも加わってくる。

彼は瘦《や》せぎすで、中背だった。一方の肩がいくぶんいかっているように見えた。これは生れつきなのだろうか。それとも、これが仕事をするときの姿勢なのだろうか。あるいは、年齢のために曲ったのかもしれない。なにしろ、このとき六十四歳にもなっているのだから。この肩のほかは、なかなか釣合いのとれた恰幅《かつぷく》をしている。顔色は褐色《かっしょく》をおび、頰骨《ほおぼね》のところは雑多の色を呈している。口は美しく、鼻もじつに立派だ。額はまるく、こんもりしている。眼は熱情で燃えている。鼻孔から口の両端にかけての斜めの線は、人相をよく表わしているものだが、彼にあっては、非常な敏感性と、なにかしら痛々しいものを示している。落窪《おちくぼ》んだ眼といい、あせた眉毛《まゆげ》といい、憂鬱症《ゆううつしょう》の三、四のいちじるしい特徴が面上に認められる。額の皺《しわ》には深い悲哀の色がただよっている。笑うときには、眼球は見えなくなるほどの、目尻《めじり》に寄る無数の皺で、きわめて激しい、いくぶん皮肉でさえある喜悦ぶりを察することができる。こうしたことごとくの激情は、会話の主題が彼の魂に影響するにしたがって、つぎつぎにそれぞれ面上に現われてくるものの、平静のときにあっては、その面貌《めんぼう》は、こうしたことごとくの感情の痕跡をそのままとどめている。そして、なにかしら愛すべき、するどい、胸をつく、憐憫《れんびん》と畏敬《いけい》をそそるものがある。

彼のそばにはふだん愛用の小琴《エピネット》が一台おいてあった。部屋の張布と同様に、青と白のだんだら縞《じま》の木綿のベッドが二台、簞笥《たんす》とテーブルが一つずつ、それに幾脚かの椅子、これらが家財道具の全部をなしている。壁には、以前自分の住んでいたモンモランシーの森と公園の図面と、それから昔の恩人であるイギリス王の肖像画がかかっている。細君は椅子に腰かけて下着の繕いに余念がない。天井からぶらさがっている籠《かご》の中でカナリアが鳴いている。通りに面してあけてある窓べに、雀《すずめ》がパン屑《くず》をあさりに飛んでくる。それから控室の窓には、植木をうえた鉢や箱がならんでいるのが見える。自然のままに植木を栽培して楽しんでいるらしい。このささやかな暮しには、清潔と、平和と、気持のいい簡素の空気がただよっていた」

ルソーに関する断想

ジャン・ジャック・ルソーの性格や、作品を理解するには、彼の感性を究《きわ》めることによって、ルソーの厄介な多くの場合がかなり解決できるように思う。彼みずからが「僕は人一倍に敏感だ」（第八の散歩）と言っているように、ジャン・ジャックは肉体的にも、知的にも、道徳的にも感じやすくできている。『新エロイーズ』や『エミール』のような作品もこの感性の所産であり、晩年の『対話録』や『夢想』の神秘も、この感性の電線を伝っての内省や自己解剖によって、深く掘りさげて到達した世界であり、彼の思想もモラルもことごとくこの感性に源を発しているといっていい。

あれほど植物を愛したルソーが、結局、人間を最も尊重し、人間のみにうちこんだのも、人間にのみこの感性が具《そな》わっているからにほかならない。じっさい、人間においてのみ、感性は、その最も高い表現と、その最もたくましい強度に達しているのだ。

＊

こうしてルソーは、モンテーニュのように、ラ・ロシュフーコーのように、人間による人間解剖にもどる。彼は自分自身を実験に供する。瞬間々々、おのれの肉体的感覚をみずからためすことによって、その原因や徴候や過剰を研究する。子供の時分から、自分の心のほうにのみ鋭い眼をむけて、ひたむきに自分のみを求め、知ろうとしていた彼だからこそ、「その人の性格によって、その人の言論を解釈すべきで、その言論によって、その人の性格を解釈すべきではない」（書簡）ことを知っているのである。まるで探偵のように、おのれの存在の地下室をさぐろうと、おそるおそる、しかし不敵にもその階段をおりていって、幽霊屋敷のように、いちめんに蜘蛛《くも》の巣の張っている、薄暗い、錯綜《さくそう》とした部屋や廊下を、一種の恐れにみちた満足で眺《なが》め、執拗《しつよう》に自己の魂を検討しようとする。この点において、特に『アンリ・ブリュラール伝』と『エゴチスムの回想』のスタンダールと兄弟だといえるが、スタンダールの自己解剖は、シャンパン化されたた軽快のうちに昇華するが、ルソーの場合は、暗闇《くらやみ》の中に一物も残しておくまいとするその躍起になった探索ぶりに、彼のモラリテが重たく残る。

いずれにせよ、ルソーが、スタンダールという自己解剖の名手に半世紀さかのぼって、あの暗い密室を、「夢想」と直観の鍵《かぎ》でこじあけたということは驚嘆すべきことである。そして、『対話録』や『夢想』はもとより、『新エロイーズ』や『エミール』でさえ、すみずみまで完全に理解されるためには、二十世紀の初頭まで待たなければならなかった。「精神分析」という二十世紀が発見したこの新しい科学によって、ルソーの暗闇はあきらかにされる。今世紀に入って、スタンダールがことに生きてきたのも、ルソーの最も重大な部分が発掘されて、ようやくその全貌《ぜんぼう》が見えてきたのも、この学問に負うているというべきだろう。その点、彼の最もよき理解者だったカントやトルストイも、ルソーの上半身しか見ていなかったといえる。フロイトとベルグソンのために、ラールプやジュール・ルメートルやブリュンチエールの輩《やから》は葬《ほうむ》るべき時代である。

＊

そのブリュンチエールが『告白録』と『対話録』と『夢想』の三作を「これらはいずれも狂人の作だ」と言っている（フランス文学史）。またピエール・ラセールは「私は彼を理解するようにできている頭を持ち合せていない」（フランスのロマンチスム）と言っている。ところが当のジャン・ジャックは「理性は私を殺す。私は健康であるためには、狂人であってもいい」（書簡）という驚くべき言葉を放って、フランスのユマニスムの伝統を顔色なからしめ、文明人の観念をめちゃくちゃに破壊している。これでは、合理主義と、適度と、知恵の狭い世界に住み慣れている多くのフランス人が、ルソーを「解する頭」を持っていなかったのも無理はあるまい。

その狭い限界を平気で乗り越え、無限と夢と神秘の報告者である彼が「僕はこの地球の上にいても、知らない遊星の上にでもいるようなものだ。今まで住んでいた星から、この星へ落ちてきたものらしい」（第一の散歩）と言うとき、それは誇張もなく、本当に自分の思ったとおりを言っているにちがいない。この星から降りてきた宇宙人は、だからどこへ行っても「外国人」あつかいをされる。しかしそれはルソーが、モンテーニュやパスカルやニーチェやスタンダールなどとともに、知的上層階級に属する特別の人種であることの証拠でもある。それにしても、デファン夫人がジャン・ジャックを「狂人」あつかいにしたとき、スタール夫人は、この言葉にその厳正な意味を与えずに「彼は非常に優《すぐ》れているあまり、狂人にちかかったのです」と言ったのは、実に含みのある言葉で、この『ドイツ論』の作者などは、ルソーに近い時代に生きた人のなかで、最も彼を理解した人だと言うべきだろう。

＊

「狂人にちかい」ジャン・ジャックの感性は、そのあまりの敏感のために、一種の分裂を呈している。むしろ、混合といったほうがいいかもしれない。彼がおのれのうちに発見するこの感性のアマルガムは、しぜん、彼を無分別と矛盾に陥《おとしい》れる。彼の体質の中にある種々異なった要素が、彼の行為や、長所や、短所と反撥《はんぱつ》するのだ。

この単数でもあり、複数でもある厄介なルソー的自我を、ジャン・ジャックが研究すればするほど、そこに彼を苦しめ、悩ませ、いらだたせる分子のあることを見いだす。「僕くらい僕に似ていない者はない」(告白録)と、彼はこのように奇妙な、しかしおそらく真実の苦衷を告白している。「二つに切断された」彼の生命は「二つの異なった個人に似ていて」しかも「協和しがたい背馳《はいち》を示している」のである(対話録)。このため、ここに一種の二重性が生ずるわけだが、なんとその前者は、後者を観察することによって、そこにおのれとは似もつかぬ別人を発見することか。一方には遅鈍な精神が、重苦しい思念が、暗い頭があるかと思うと、他方には、沸騰《ふっとう》している性格が、感動しやすい心がある。活動的な魂と、懶惰《らんだ》な天性がとなり合っている。平静とあきらめが、癇癪《かんしゃく》と激怒の発作と交互している。迫害の苦痛の直後に、孤独の甘味がくる。剽軽《ひょうきん》で生真面目《きまじめ》で、貪欲《どんよく》で浪費者で、無知で博学で、冷静で激動的で、賢明で狂人であり、狂人じみた賢人である。この内面的の絶え間ない抵触が、尊大で柔和な心に、懦弱《だじゃく》で強情な性格に、欲望的には熱烈で、行動的には懶惰な魂に、痛々しいほどの争闘を起し、過剰は、あたかも大波の打ちあうように、彼のなかで衝突しあうのである。彼が生れつきの怠惰をむさぼっているとき、ジャン・ジャックは無為のうちに眠りほおけているかと思われるが、何かが彼を激昂《げっこう》させると、たちまち生き生きとしてきて、熱をわかし、美しいものに、偉大なものに、高貴なものに到達しようとするが、またふたたびもとの無気力に陥る。彼は必ずしも人間をのがれようとしない。そのくせ孤独を熱愛している。隣人と交際し、しかも自分自身と一緒にいることしかよろこばない。愛されることは彼の最も熱烈な、しかし最も空虚な欲望である。ここにジャン・ジャックの絶え間ない絶望の根元はあるのだ。彼の感覚は燃えやすくできている。しかし何ものもそれに点火しようとしない。彼の愛情は宇宙的であるのに、真の友は一人だに見いだせない。「ほどほどに活気づくなんて、彼にはできたものじゃない。炎か、氷か、どちらかが彼には必要なんだ。彼は微温の中では、ゼロの存在だ」（対話録）また「全部か、無か、どちらかだ」（書簡。告白録）。ここに彼の目的があり、理想がある。ところが、たいていの場合、彼は無である。だから、彼は苦しみ、絶望し、さては天と人を呪《のろ》うにいたる。人々は彼を離れてゆく、彼が人々をつっ離すからしかたないのだ。そしてついにはこのように悲しみのせっせつとしている告白をする。「私は自分を愛してくれるあらゆる人々の中で部分的に死ぬ」（一七六八年十一月五日付の手紙）。しかし、ジャン・ジャックは生きている。適度と良識のみを念頭においている人たちが、彼の矛盾を非難したとすれば、それは人生の深さは矛盾なしにはありえないことを、忘れている証拠なのだ。一株の樹木の葉は必ずしもみな似ていない。あるものはその細かな色合において反対でさえある。それだのに、遠くから眺めた樹木は、調和の統一を決して欠いていないのである。

*

「私は私自身に似ていないことがよくあって、人は私を正反対の性格の人間だと思うことがときどきあるほどである」（告白録）という告白は、つまり、自分のリミットから飛び出して、思わぬ方向に走ることを示している。そして、極端から極端に陥り、さては自分を見失ってしまう。この支離滅裂が統一のない思想を生み、彼の行為を彼の感情とちぐはぐにさせる。「あなたはそのときどきの自分の良心にしたがって、いつも真実です」というミラボーの含みのある言葉は、ルソー自身の告白を裏づけると同時に、彼の道徳的価値を決定していておもしろい。ここに実生活におけると同様に、思想上におけるヴァガボンのルソーがある。この不安定、この傾斜は、彼の行為や作品にさまざまの間違いや誤謬《ごびゅう》を犯させる。（実はこの不安定が、彼の作品に思いがけぬ魅力をもたらしている）『告白録』はもとより『夢想』の中などでも、常識では考えられぬような、事実上の間違いをみすみす犯しているようである。そういう点、彼はひどく呑気《のんき》である。それに、ジャン・ジャックはあまりいい記憶力をもっていないらしい。しかし彼にとって、外部的の事実はさまで重要ではないのだ。彼は内面の自分を知ることに真摯《しんし》であろうとしている。井戸ばかり覗《のぞ》きこんでいる人は、あまり外界の風物に気づかない。外界の景色も、しょせんは内面の水鏡に映してみる。ジャン・ジャックはおのれを十分に知らぬというある人の駁論《ばくろん》に対して、これもおそらく外面的事実のみに気をとられている人の言であろうが、彼は平然とこう答えている。「私は自分と一緒にずっと暮してきたのだから、自分を知っているはずだ」（書簡）。それからまた「自分以外には、自分を知っている者はない」とも言っている。恐るべき言葉である。詩人が言葉に、画家がカンバスに没頭するように、酔いどれがアルコールに浸るように、自己に没入していた彼が、実生活において、多くの欠陥や、おびただしい穴を露呈していることは当然ともいえよう。それだのに、彼の同時代人はこの巨人を近視的にしか見ることをしなかったから、小さな汚点のみを問題にしている。子供を捨てたことに非難をあびせて、『エミール』を書いた彼を忘れている。むしろ、『エミール』を救うために、彼は自分の子供を捨てた、と言うべきだろうに。大建築物は、小ぎれいな数寄屋普請《すきやぶしん》とちがって、そばで見ると部分的にはきたならしい。しかし、一世紀、二世紀、後退して、遠くから全体的に眺望《ちょうぼう》するとき、はじめてその壮麗な姿を見せる。予言者、使徒、宗教の創始者、世界の改革者を理解しない者は、モーゼを、聖ポーロを、ルーテルを、ロベスピエールを理解しない者は、ジャン・ジャックを理解しないだろう。

＊

自分自身の心の中にもどって、そこに社会道徳の芽を見いだすべきである。良心に訴えて、理性や感情の誤謬を訂正し、欲念をなくして、内面の声に、自然の直観に傾聴すべきである。自分自身の中に沈潜すること、自分の中にのみ生きること、自分を制御すること……。これが彼のたえず繰返しているお題目であるが、ゲーテが符節を合わせたように、これに答える。「君自身にもどりたまえ。そうすれば君はそこに、高貴な精神の持ち主なら、その存在を疑いえない中心点を見いだすだろう」（遺稿集）。それからまたジャン・ジャックは言う。「人は事物から遠ざかり、自分自身に近づくにしたがって、はじめて地上で幸福になりうる」（書簡）。つまり、幸福をよそに求めてはいけないのである。自分たちの知らないところから引出してくる幸福は、贋物《にせもの》の幸福である。本物の幸福はわれわれ自身の中にあるのである。だから、なによりも、自分にもどることである。自分を自分の中に集中することである。「黙想しなさい。孤独をお求めなさい……哲理を考えるためには、まず自省しなければいけません……一人でいても退屈しないことをお学びなさい。人は孤独に生きていると、いよいよ人間が好きになるものです」（ウドトー夫人への手紙）。このようにして、争闘の鎮《しず》まった孤独のおかげで、ルソーの人間ぎらいは寛容になり、その個人主義は同胞愛になるのである。つまり、彼が人間を避けて孤独になるのも、実はふたたび人間に再会して、人間をより愛さんがためだといえる。ここにおいてジャン・ジャックの感性は、自己と他人を、エゴイスムと隣人愛を混同する。

ところがはからずも、時代と場所を隔てて、ロシアのステップの果てから、ドストエフスキーがジャン・ジャックに呼応して叫んでいる。「私は人類を愛すれば愛するほど、個人をきらう。私の夢は人類のために自分を犠牲にするほどまでに昂《たかぶ》ることがままある。それだのに、他の男と同じ部屋に二日同宿することは、私には耐えられない。私は誰でも自分に近づいてくる者の敵になる」

このドストエフスキーの特異性は、ルソーのそれと相通ずるものがある。そして、この特異性がこれら二人の文学に同じような陰影をただよわしているのである。(この点、直接的に、意識的にルソーの影響を受けたといわれる同国人のトルストイとちがう)。そして、この陰影こそ、近代文学の持つ共通の暗さであるのだ。「僕があの一人の人を捜しあぐんで、しかたなく提灯《ちょうちん》を消して、《一人もいない》と叫ばずにはいられなかったとき、そのときになって初めて、僕は地上でたった一人の自分に気づくようになったのである」(第八の散歩)。もとより作者はこの暗さを単なる比喩《ひゆ》として、その意図は別にあるのだが、そのくせ、あたりに漂っている、ともすれば自分を見失いそうになる、足を踏みはずしそうになる暗さ、このようにきわめて明確に具象化された暗闇を、私たちはプルーストに、とりわけ『囚《とら》われの女』のいたるところに見いだすのである。

*

「私は人に道をたずねることさえ好まない。そんなことをしたら、私はその人に隷属《れいぞく》することになるから」（わが肖像）。だから、彼が自立であるためには、孤独であることよりほかはない。「独《ひと》りで生活することは、善人の天国だ」（わが肖像）と彼は言明する。そして、善人であるジャン・ジャックはただ独りで生活しようとする。そして、孤独のときこそ彼の最も楽しいときであり、勝手に自分で自分の黄金時代をつくるときであり、「気がかりもなく、障害もなく、僕が完全に自分であり、自分にうちこめる時間である。自然が欲したとおりの自分である」ときである（第二の散歩）。この「自然の欲したとおり」にこそ、彼の理想があり、生活意義がある。そして、この理想は、孤独の中においてしか達しえないのである。リネの『植物学分類法』を片手に、寂しい散歩のみちすがら、植物採集にうつつをぬかしているときこそ、彼が自分を忘れている「たのしいとき」（リネへの手紙。一七七一年九月二十一日付）なのである。そして、この孤独こそ侵すことのできない絶好の隠れ家《が》であろう。

＊

この隠れ家の中では、夢想が支配的である。精神的覚醒《かくせい》と、睡眠の中にある活動性の媒介であるこの夢想は、黙想の状態の後に受身の状態をもたらす。観察や思念のあらゆる要素を配列しようとする努力もなくなる。人を疲らせる、陰鬱《いんうつ》な反省はことごとく消え去る。かくして夢想は、その漠然《ばくぜん》とした、あいまいな、流動的な性質によって、ジャン・ジャックを寛《くつろ》がせ、楽しませる。「僕の夢想が黙想に終ることもままあるが、しかしそれよりは、黙想が夢想に変ることのほうがずっと多い」（第七の散歩）とジャン・ジャックは言う。なぜなら黙想は、一つの努力を要する。個人的の反省を含んでいる。ところが理想的なのは、運動の皆無である。東洋人のあの無念無想――坐禅《ざぜん》の状態である。「僕はいやいやながら何かするよりは、何もしないほうが百倍もましだ」（マルゼルブへの手紙）。この自由に対する不敵の要求が、彼をその憧《あこが》れている受身の状態に達しさせる。そして、散歩の「第五」や「第七」において、ジャン・ジャックはとりわけその境地にあった。湖畔にねそべって、眼を閉じるとき、波のリズムが彼のあらゆる知的生命を眠らせるとき、おのれの恍惚感《こうこつかん》に音楽のような非物質的な性格を与えつつ、彼はおのれの存在を、わざわざ考えようとしないで、ただ感ずるのである。そして、時間の観念は消えうせ、永遠に連なっているという幻覚をいだく。このはかない永遠性のなかで、彼は幸福を味わう。この半ば昏睡《こんすい》の状態のなかで、「不完全で、貧弱で、相対的な幸福ではなく、充実した、完璧《かんぺき》の、満ちあふれた」幸福を味わうのである（第五の散歩）。

この夢想の境地において、ジャン・ジャックはしだいに地上から上昇する。そして、彼自身の意志が神の意志と同化している神秘境の最後の段階に到達する。これこそ、完全の、全面的の解放なのだ。あらゆる障害はとりのぞかれて、魂はじかに神の本体と交流する。自我のみを追求するこの超エゴチストのジャン・ジャックは「自分自身を忘れるときにのみ、はじめてこころよく思いにふけり、思いに沈む」（第七の散歩）ことによって、自我を放棄し、ついには神の状態に化するのである。そして、こうして神と同化することによって、ふたたび自然に帰ってゆく。彼の本源である自然に帰ってゆく。ここにこそ故里《ふるさと》がある。この故里をいかなる敵も、死といえども乱しはしない。

*

ジャン・ジャック・ルソーの十八世紀十九世紀への影響は、カントからトルストイまででその成果をとげている。しかるに、二十世紀の初頭にいたって、ルソーの問題は、がぜん、複雑多岐になってきた。すなわち、個人主義、共産主義、意識、および、意識下の研究、象徴主義、ベルフェゴリスム、ベルグソン的反主知主義、超現実的非合理主義、等々、いずれも外界と内面生活との間に交《かわ》されている争闘を示しているが、現代思想にまでその根を伸ばしているジャン・ジャックは、この争闘を支配し、嚮導《きょうどう》しているのである。かくして、百五十年の間、彼の影響を受けた多くの偉大な名前の後にくるものは、レーニンであり、フロイトであり、ベルグソンである……。また、詩歌《しいか》の領野では、ボードレールに発して、ランボー、ロートレアモンを通過して、ダダ、シュールレアリスムへとゆく近代詩の流れは、『対話録』や『夢想』と深い連なりをもつ。

思うにジャン・ジャック・ルソーは、ベートーヴェン、ゲーテ、トルストイ、ニーチェなどの巨人と同列におかるべき天才ではなかろうか。しかるに、日本においてルソーはこれら他の偉人ほど親炙《しんしゃ》されていないように思われるのはなぜであろうか。もとよりベートーヴェンは楽器とレコードの方法で文字の移植以上の好条件をもっている。また、十九世紀に居坐《いすわ》っているゲーテ、トルストイは、われわれに理解されやすい表現をもっているかもしれない。しかしルソーこそ、ニーチェとともに最も現代性に富み、しかも、未来になお多くの未解決を残しているのではあるまいか。われわれはこの広大な地下鉱脈を発掘することによって、時代に貢献することができるだろうと思う。

＊

私は戦争中、ふとした偶然から『夢想』に接する機会を得、その読後の感激を帝都残留仲間の上林暁《かんばやしあかつき》君に洩《も》らしたところ、はからずも同君またこの書の愛読者であって、かえって私はその翻訳を慫慂《しょうよう》されたようなわけだった。私は二つの散歩を訳したまま、あとを続けることができずに終戦となった。こうして私は戦争中よりはいくぶんよい条件のもとにふたたび仕事にかかって、どうやら曲りなりにも訳しおえたのである。フランスの近代詩に特に興味をいだいている私は、その観点からこの『夢想』を見てきたのであるが、今は必ずしもそれのみではない。この書によって初めて大きなルソーの一部にふれた私は、『対話録』それから『告白録』と、逆にその作品をさかのぼって読んでいったようなわけである。偶然のことながら、私はルソーのこの読み方も悪くなかったと思っている。ともあれ、『夢想』によって、初めてルソーを知ってもおそくないだろうし、また『夢想』によって、かつて読まれた『告白録』や『エミール』を考えなおしてみることも必要だろうと思われる。

もとより、私はこのような書の適訳者でないことを知っている。今、校正を見るにつけ、不備の点のみ目にうつって、これを公表する勇気をくじかれる。しかし、翻訳の仕事の一朝一夕でできるものでないことを思い、版を改める折々に訂正することに希望をかけて、ひとまず世間に問うことにする。大方のご教示をたまわることができれば幸甚《こうじん》である。

なお後記であるが、私にはルソーについて、一貫した考えを纏《まと》めあげる準備も、自信もないままに、第二部はピエール・トラールの『十八世紀フランスの感性の巨匠』にたすけられつつ、私見を加えて、断片的に記述するより良い方法はなかったのである。読者諸子の明知が、この破片から何物かを組立てられれば、これまたさいわいである。

青《あお》柳《やぎ》瑞《みず》穂《ほ》

Title : LES RÊVERIES DU PROMENEUR SOLITAIRE
Author : Jean-Jacques Rousseau

孤《こ》独《どく》な散《さん》歩《ぽ》者《しや》の夢《む》想《そう》

新潮文庫　ル－1－1

昭和二十六年四月三十日　発行
平成十八年七月二十五日　五十九刷改版
令和　五　年四月　五　日　六十六刷

訳　者　青《あお》柳《やぎ》瑞《みず》穂《ほ》
発行者　佐藤隆信
発行所　株式会社　新潮社

郵便番号　一六二―八七一一
東京都新宿区矢来町七一
電話　編集部（〇三）三二六六―五四四〇
　　　読者係（〇三）三二六六―五一一一
https://www.shinchosha.co.jp

価格はカバーに表示してあります。

乱丁・落丁本は、ご面倒ですが小社読者係宛ご送付ください。送料小社負担にてお取替えいたします。

印刷・錦明印刷株式会社　製本・株式会社植木製本所

ISBN978-4-10-200701-3 C0110